图解服务的细节
126

ホテルオークラ「橋本流」接客術

"笨服务员"解决术 1

服务的分寸感

[日] 桥本保雄 著
李金然 译

人民东方出版传媒
People's Oriental Publishing & Media

东方出版社
The Oriental Press

图字：01-2021-6200 号

HOTEL OKURA［HASHIMOTORYU］SEKKYAKUJUTSU
Copyright © 1999 by Yasuo HASHIMOTO
All rights reserved.
First original Japanese edition published by Daiwashuppan, Inc. Japan.
Simplified Chinese translation rights arranged with PHP Institute, Inc.
through Hanhe International（HK）Co., Ltd.

图书在版编目（CIP）数据

"笨服务员"解决术.1，服务的分寸感／（日）桥本保雄 著；李金然 译. —北京：东方出版社，2023.8
（服务的细节；126）
ISBN 978-7-5207-3559-9

Ⅰ.①笨… Ⅱ.①桥… ②李… Ⅲ.①饭店—商业服务 Ⅳ.①F719.2

中国国家版本馆 CIP 数据核字（2023）第 125360 号

服务的细节 126："笨服务员"解决术 1：服务的分寸感
（FUWU DE XIJIE 126："BEN FUWUYUAN" JIEJUESHU 1：FUWU DE FENCUNGAN）

作　　者：	［日］桥本保雄
译　　者：	李金然
责任编辑：	崔雁行　高琛倩
出　　版：	东方出版社
发　　行：	人民东方出版传媒有限公司
地　　址：	北京市东城区朝阳门内大街 166 号
邮　　编：	100010
印　　刷：	北京明恒达印务有限公司
版　　次：	2023 年 8 月第 1 版
印　　次：	2023 年 8 月第 1 次印刷
开　　本：	880 毫米×1230 毫米　1/32
印　　张：	6.625
字　　数：	120 千字
书　　号：	ISBN 978-7-5207-3559-9
定　　价：	58.00 元

发行电话：（010）85924663　85924644　85924641

版权所有，违者必究
如有印装质量问题，我社负责调换，请拨打电话：（010）85924602　85924603

前言
PREFACE

服务人员可不该是小透明!

一说起服务人员,迄今为止的主流说法是让他们尽可能降低存在感,最好成为顾客身边的小透明。不仅对酒店员工,所有从事服务业的人都是如此。这种小透明在日本歌舞伎①里有个特别贴切的角色,叫作"黑子"。他们从头到脚用黑色装束包裹得严严实实,站在演员们身后做些帮他们换衣服、做动作的辅助工作,扮演的就是让人们视而不见的"不存在"。即便聚光灯照到自己身上也不露脸,只专注于凸显演员们的表演,绝不允许有任何放飞自我的表现。而全神贯注观赏演出的观众,也只有自动把黑子忽略为演员的影子,才能让演出得以成立、让演员—黑子—观众的关系得以成立。

---

① 歌舞伎:日本的传统表演艺术之一,距今已有400多年的历史,其地位类似京剧在我国的文化地位。(译者注,本书如无特殊说明,注释均出自译者。)

放在酒店服务上，很多人也说入住酒店的顾客就相当于观看歌舞伎的观众，而服务人员就该成为黑子一样小透明般的存在，接到"我想得到这样的服务"的指令，然后作出正确的反应；或者提供酒店事先规定好的定型服务内容，博取顾客的满意和好感。

但随着时代的进化，服务内容在硬件和软件两方面呈现出复杂的多样化倾向。

单就酒店的入住服务一项来说也可见一斑。即便室内设置的电视在机型上不做改变，如果不能紧跟时代变化提供多频道视听功能，那条件连普通家庭都不如了。以前用电话和留言卡基本就能满足住客与外界连通的需求，如今若没能充分考虑到住客使用网络的场景，那无疑会被投诉淹没。

况且顾客的喜好也日益细化，越来越多地遇到更加个性化的需求。洗发水、香皂这样的预设用品都可能因为是否符合客人偏好而导致顾客满意度的起伏。

鉴于这样的时代变化，我愈发切实地感到服务人员再局限于做个"黑子"一样的小透明，是根本无法让顾客满意的。单凭等着顾客发出指令或者提供酒店的规定服务，很难契合顾客不断发展的预期和要求，也就无法在竞争激烈的服务业里继续生存。

在我看来，服务人员不应该以做"黑子"为目标，而是需要一种更有追求的心气——与顾客结成合作共赢的伙伴关系的心气。

不过这并不是说要一个人冲到舞台中央、夸张地开始他的表演，主角永远还是接受服务的顾客。但毫无疑问，新时代对于服务人员已经提出了更高的要求：要主动从顾客的表情、语言、态度中汲取信号来发掘自己应该提供什么服务，并以一种举重若轻的方式避免让顾客感到压力。

这绝不止于提议升级硬件方面的配置，更包含了诸多软性的场景，比如时机适当的一句询问，又如恰到好处的一点关心。没错，一个能与顾客结成伙伴关系的服务人员，可以说就是一个为顾客创造安心舒适满足感的总策划。能策划出契合顾客需求的服务，才会产生如今意义上的 CS（顾客满意）。相反，连这样的待客术都不能熟练掌握的话，今后将再难获得顾客的关注。只有在与顾客结成伙伴关系的那一刻，双方的信赖才得以确立。

那么如何与顾客结成伙伴关系？如何赢得顾客的信赖？日常工作中如何修炼自身，才能成为更高阶的服务人员？针对这些疑问与困惑，我把答案的线索结合一线的生动案例都记述在了本书之中。

虽说案例集中在酒店服务业，但我相信很多理念对于从事任何工作的读者都有着跨业界的参考价值。而且不仅是在工作上，在我们每一个普通人的日常生活里都有着无限的应用场景。说到底，"待客术"的终极奥义是修炼为人处世的能力，是让自己变成一个更出色的人。无论何时何地，这不正是我们人生最必要的技能吗？

桥本保雄

目 录
CONTENTS

第 1 章

会 话 力
服务天才都和顾客说些什么？

❶ 最不能说的一句话：这是店里的规定 / 003
　　案例 1　我可不是来喝水的！/ 003
❷ 掌握基础的待客用语 / 005
❸ 复述顾客话语时的注意事项 / 009
　　案例 2　装什么装！/ 009
❹ 是什么引起了顾客的不快？/ 012
　　案例 3　我点头了啊…… / 012
❺ 对话是否合乎人情？/ 014
　　案例 4　打了招呼也…… / 014
❻ 赢得信赖的"无言的对话" / 016
❼ 对话之外获得顾客青睐的秘策 / 019
　　案例 5　我嘴笨，不适合做销售…… / 019

I

❽ 和顾客说话万不可失了分寸 / 023

　　案例 6　一不留神顺嘴就说了 / 023

❾ 与常客交谈时的高级对话技巧 / 026

　　案例 7　顾客诉求与工作手册规定之间 / 026

　　专　栏　待客的诀窍　＊为口音而苦恼 / 030

―――――― 会话力自检 ――――――

第 2 章

洞　察　力

惹人爱的待客方式和招人烦的待客方式

❿ 尽量提供一视同仁的服务 / 035

　　案例 8　怎么看人下菜碟！ / 035

⓫ 满足嫉妒心强的顾客的待客术 / 039

⓬ 磨炼能够识别顾客需求的洞察力 / 041

　　案例 9　不知深浅，没一点儿分寸！ / 041

⓭ 从观察自己开始 / 045

　　案例 10　对自己的餐桌礼仪没信心…… / 045

⓮ 克服"恐惧"的粗暴疗法 / 047

―――――― 洞察力自检 ――――――

第 3 章

好 感 力
一项服务被顾客喜爱的理由

⑮ 衣冠不整会毁掉整个酒店的形象 / 055

  案例 11　衣服皱巴巴的原因 / 055

⑯ 细心留意言行　誓死捍卫形象 / 057

⑰ 留心那些出乎意料的陷阱：体臭、口臭 / 059

  案例 12　有狐臭…… / 059

⑱ 发型可以个性化到什么程度 / 061

  案例 13　头发有自来卷不行吗？/ 061

  专栏　待客的诀窍　＊捕捉笑容的技巧/063

⑲ 你的那个小毛病正让顾客心生反感 / 065

  案例 14　好在我不是很介意…… / 065

  专栏　待客的诀窍　＊桥本流模拟干洗法 / 068

⑳ 高级服务人员全身都是关键点 / 070

㉑ 用笑容征服顾客 / 073

  案例 15　"你好闷啊！" / 073

——————— 好感力自检 ———————

第 4 章

自 尊 力

彰显一流的秘技

㉒ 不要误解自尊的含义 / 079

　　案例 16　伤自尊了！/ 079

㉓ 自尊不是狂妄自大玻璃心 / 081

　　专　栏　**待客的诀窍**　*最好的 ACS / 084

㉔ 服务人员啊，变身万能人！/ 086

　　案例 17　被调去其他部门，立刻没了干劲 / 086

　　专　栏　**待客的诀窍**　*自创鸡尾酒诞生秘史 / 090

㉕ 如何传承建立起的自尊力？/ 092

　　案例 18　人手不够 / 092

㉖ 为什么一定要继承自家公司的哲学？/ 096

㉗ 如何应对降价时代？/ 100

　　案例 19　收到了降价的要求！/ 100

　　专　栏　**待客的诀窍**　*一万日元的同学聚会的幕后 / 103

㉘ 设施上的缺憾也可以用人力弥补 / 105

　　案例 20　"你们这家店的设施真够老旧的啊" / 105

　　专　栏　**待客的诀窍**　*为设施查缺补漏的力量 / 107

──────── 自尊力自检 ────────

第 5 章

聚 合 力

孕育最佳服务的团队合作

㉙ 服务的关键是团队合作 / 115

　案例 21　看到身边的同事觉得气不打一处来 / 115

　专　栏　**待客的诀窍**　＊工作不能孤军奋战 / 118

㉚ "光说不做"固然不可,但"光做不说"不如"既做且说" / 120

㉛ 担任工作的范围应该如何划分? / 122

　案例 22　"轮不到你出场" / 122

㉜ 如何营造相互支援的良好氛围? / 124

㉝ 通往最佳服务的入口:带头搞卫生 / 126

　专　栏　**待客的诀窍**　＊分享服务的喜悦 / 129

──────── 聚合力自检 ────────

第 6 章

信 息 力

建设全方位的信息网络

㉞ 通过参加比赛、培训等各种方式收集信息 / 135

　案例 23　"我要参赛!" / 135

V

㉟ 收集信息之后是尽力扩散 / 138
㊱ 拥有打一通电话就能拿到信息的人脉 / 140
案例 24 企划做不出来！/ 140
㊲ 注意别让信息断流 / 142
㊳ 同学聚会——建设人脉的第一步 / 144
案例 25 1 万日元的同学聚会 / 144
专 栏 待客的诀窍 ＊桥本流信息整理术 / 147
㊴ 志愿者精神成就信息力 / 149
信息力自检

第 7 章
判　断　力
让投诉成为机遇的能力

㊵ 认清谁才是那个应该下判断的人 / 155
案例 26 “这价格贵得离谱！” / 155
㊶ 认真审视服务的内容 / 157
㊷ 熟知自家店里的味道 / 161
案例 27 “鸡汤寡淡无味！” / 162
专 栏 待客的诀窍 ＊尊重顾客的喜好 / 164
㊸ 卖点应该是产品自身过硬的品质 / 166
案例 28 被顾客怼了…… / 166

㊹ 动用人脉做销售的意外陷阱 / 168

㊺ 偷师自己尊敬之人的过人之处 / 170

> 案例 29　你能不能机灵一点…… / 170

———————— 判断力自检 ————————

第 8 章

行　动　力

让感动具象化的秘诀

㊻ 在心里画上一个问号 / 175

> 案例 30　没有企划灵感？/ 175

㊼ 将问号变成企划的行动力 / 177

㊽ 学来的知识还要注意消化吸收 / 181

> 案例 31　顾客数量不见增长 / 181

> 专　栏　待客的诀窍　＊藏在职场中的点滴感动 / 184

㊾ 扛起反潮流的大旗 / 186

> 案例 32　做别人没做过的新企划 / 186

㊿ 开发新的服务带给我新的感动 / 188

———————— 行动力自检 ————————

会 话 力

服务天才都和顾客说些什么?

 **最不能说的一句话：这是店里的规定**

> **案例 1**
>
> **我可不是来喝水的！**
>
> 酒店餐厅里来了一位精通红酒的顾客。按照餐厅的规矩，我先给他斟了一杯冰水。这时顾客略带玩笑地说："我可是来喝红酒的哟，你给我倒水干什么？"我说道："这是餐厅的规定。"顾客却哂我道："这算什么回答！"

◆ 你的服务到底是为了什么？

如果想要做一名一流的服务人员，那么一句"这是店里的规定"可就太不走心了。

大仓酒店也同样规定无论顾客是否点餐，只要入座就要立刻奉上一杯冰水；想必也遇到过与案例中同样的质询。

这时候从本质上准确地理解自己到底为什么提供服务且反

复训练如何正确表达就显得尤为重要。

那么，为什么要给来喝红酒的客人上一杯冰水呢？

比如可以回答：日本的水味道很好，不仅饮用解渴，更是整个日本饮食文化的底蕴所在。我们想从一杯水的点滴之间传达这份文化之美。听到这里，精通品酒的顾客很可能就会想起："没错，与红酒不同，日本酒最重要的原料之一就是水啊。"这样一来，谈话就打开了新的局面。

实际上，顾客中想与服务人员聊聊天的也不在少数。甚至还有些顾客不满足于一般性的交谈，从商品知识到服务礼仪，故意考验服务人员方方面面的能力。而得体周到地应对好这样的顾客，服务人员的口碑评价就会提升。

当然，提前熟知自己提供的冰水是净化机滤过的，还是某知名产地的天然矿泉水之类的基础信息也是必不可少的。

 **掌握基础的待客用语**

◆ 语音语调、表情态度怎么样？

正确理解所提供服务的真实含义的同时，作为一名合格的服务人员还要扎实掌握各种基础待客用语，做到需要的时候能自然而然脱口而出，这是服务人员的常规技能。

尤其是被称为待客五大用语的"欢迎光临""感谢惠顾""好的，明白了""很抱歉……""让您久等了"是最重要的语句。

针对缺乏经验的服务新人，要注意训练他们切实掌握这些语句，并能以让顾客感觉舒适的语音语调和表情态度恰当地表达出来。

另外，比较容易被忽略的难点是拒绝、请求等场景中的用语。

例如面对顾客"我想预约今晚的单间"的垂询，不能使用否定句式回答："今晚没有空余的单间"，而一定要采用肯定

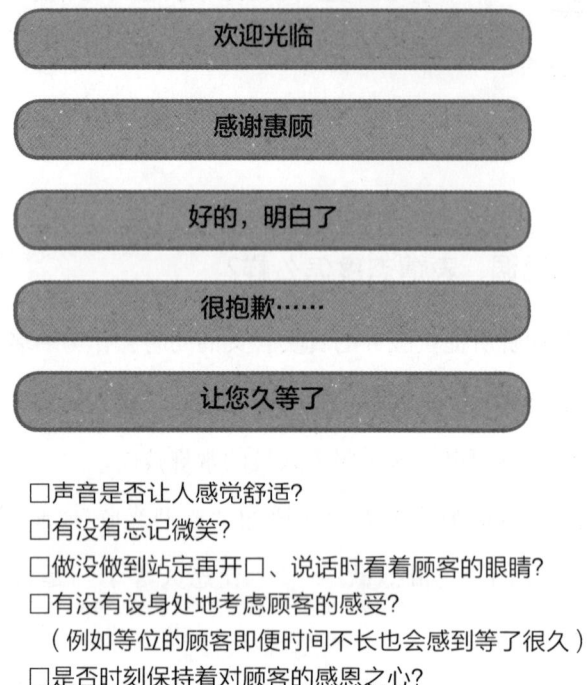

□ 声音是否让人感觉舒适？
□ 有没有忘记微笑？
□ 做没做到站定再开口、说话时看着顾客的眼睛？
□ 有没有设身处地考虑顾客的感受？
　（例如等位的顾客即便时间不长也会感到等了很久）
□ 是否时刻保持着对顾客的感恩之心？

句式："很抱歉，单间已经住满了，今晚可以为您提供标间。"

或者餐厅外面如果设有等待区，很多人以为"请按顺序排队"这样的命令式语句是标准说法，其实不然，正确的选择应该是以疑问句式来表达："很抱歉，能请您先按顺序稍事等待吗？"当然，"一准备好我们马上为您安排，能请您先留下名字吗?"也是能够站在顾客立场上考虑问题的正确说法。

但要特别注意的是，单纯掌握了这些敬语是没有意义的。

相反，光强调形式、忘记了真心、无法传达自己的谢意，反而会起到相反的效果。作为一名服务人员，需要时刻牢记"言由心生，你的言语就代表了你的人品"这个道理。

当然，待客基础用语只是最基本的。

比如若想表达真诚的谢意，那么单单一句"欢迎光临"肯定不如"××先生/女士，欢迎光临"这样加入具体称呼有效果，顾客会因下意识感到"也没有来过几次，店员居然记得我的名字"而心生感动，态度也会随之亲近，谈话自然更加顺畅、友好。

不会有损顾客心情的说话方式

【 拒 绝 时 】

顾客：咦，没有XX牌的洗发水吗？

没有XX牌的。
错误回答

非常抱歉，
洗发水只有△△牌的。
（附加说明△△牌洗发水的特点）
正确回答

【 请 求 时 】

请稍等。
错误说法（命令式）

可否请您稍候片刻？
正确说法（疑问式）

 # 复述顾客话语时的注意事项

> **案例 2**
>
> **装什么装！**
>
> 店里规定接到顾客点菜后要复述一次。
>
> 有一天午餐时间主食提供米饭和面包供顾客二选一，当我问一名顾客要米饭还是面包时，顾客回答说："要白饭吧。"我就复述道："米饭一个。"结果后来听到顾客不满地嘀咕："装什么装，非得特意纠正吗！"

◆ "米饭"还是"白饭"

　　这也是待客用语的一个基本原则——即复述顾客说的话时，只要不是什么原则上的错误，一律按照顾客的用词原样重复。

案例2的场景中，既然顾客点单时说的是"白饭"，那么即便菜单上写的是"米饭"，也不要特意纠正，就应该回答："好的，白饭一个。"

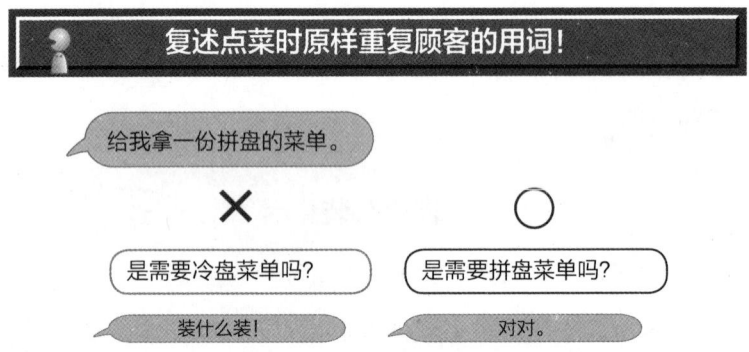

复述顾客点的菜是为了确认有没有听错、记错的必要步骤。所以，既然我们都能够凭常识判断"米饭"和"白饭"是同一种东西，那就完全没有必要去纠正顾客的用词。

所谓"米饭"也不过是饭店自己采用的表达方式，与顾客无关。

而且，服务人员辩解自己"没有纠正客人用词的意思"也没用，毕竟顾客才是主角。只要顾客觉得自己被纠正了用词、由此心生不快，便再也无法指望他还能愉快地用餐。

仅仅这样一句话，就很可能成为顾客不再登门的导火索。

顾客说"白饭"，你就跟着说"白饭"，这种时候需要的是充分尊重顾客的立场和想法的"人情"。墨守成规而忽略了"人情"的服务人员，难免要落一个吹毛求疵、笑里藏刀的名声了。

 是什么引起了顾客的不快？

案例3

我点头了啊……

午餐时间，饭店里客人很多。我正站在一张餐桌旁服侍客人点餐，忽然，另外一张餐桌的客人举手喊道："服务员！"我冲他点点头表示会尽快过去。但当我记完手头这一单、走到那桌客人身边时，客人却说："不用你，我找别人点。"

◆ 就差一句话

与顾客交流的时候，选择不会失礼的语言表达非常关键。在上述案例3里，一言不发地点点头是极其错误的做法。

"好的，我马上过去，请稍等。"只加上这一句，立刻就能收到截然相反的效果。顾客会欣然接受："行。"这样细微的对话，可以有效避免引起顾客的不快。

把"我马上过去"的意思包含在点头这个动作里，是提供服务的一方自以为可行的沟通手段而已。不给出明确的回答，顾客会心存疑虑："他到底听没听清我说的话？"甚至会觉得受到了怠慢而心生不满。

服务人员与顾客对话时要注意贯彻的重中之重，就是只要听见顾客对自己说话，就立即报以"好的""马上来"之类的回应。

"好的"这样的一句利索的回应，就是与顾客顺畅交流的开始。可以说，"好的"是一个极有深度的词，瞬间就能够传达出服务人员对顾客的善意与诚意、感恩与服务之心。

因此，从自己嘴里说出的这句"好的"听起来能否让顾客感到愉悦，是个颇值得时常反省的关键点。面对镜子认真地自我检查，是否做到了微笑回应？笑容是否自然？

这里尤其想提醒经验较浅的服务人员要注意检查自己在日常的服务过程里，有顾客问问题或者提要求的时候自己能否得体地回答出"好的"；当然也希望业已达到中坚、老手程度的服务人员能借这个机会反省一下，自己的"好的"是不是不知从何时起变得敷衍了事了？

 # 对话是否合乎人情？

> **案例 4**
>
> **打了招呼也……**
>
> 有一天，我为准备大型宴会正忙得焦头烂额，忽听宴会厅有客人找我，我急忙赶了过去。刚巧途中遇到了熟识的常客，我便寒暄道："您好！欢迎光临！"说着继续赶路。我自己感觉并没有什么失礼的地方，谁知几天后收到了客人投诉："那家伙打个招呼怎么那么浮皮潦草的！"

◆ 态度差之毫厘，印象失之千里

对话，是与对方交流的手段。所以一定要特别注意，即便提供服务的一方使用的都是工作手册里规定的正确语汇，但表达方式、态度不对的话，会取得适得其反的效果。

譬如上述案例4里，服务人员对顾客使用的语汇本身没有毛病，问题在于二者的对话并没有成立。

与顾客说话的时候，一个铁的原则是必须站定了再开口。哪怕你说的只是"您来啦""好久不见啦"这样微不足道的一句寒暄话。

无论如何忙于准备宴会，这是服务人员的事，与莅临酒店的顾客没有关系。可以说正相反，对于为了在一个超脱日常的空间里慢慢享受宁静时光而入住的顾客来说，你打招呼时都不站一下的行为，把忙碌和焦躁都传到了顾客的心里。

无论自己多忙，在顾客面前说话都要保持不急不躁的态度。这是相较于自己的状况、以顾客满意为第一要义的心意的反映，只要有这份心意，合乎"人情"的对话就能够成立。长度上不过是少则几十秒多则1~2分钟的时间，却成为二者交流能否深入的分水岭。

实际上酒店内的情况，顾客们是尽收眼底的。对于看起来有事在忙的服务人员，他们大概率是不会长时间抓住不放的。相反，他们会觉得："人家那么忙还为了我特意停住脚，真是礼数周全。"这之后都会心存好感。

可见，不局限于对话的内容，能干的服务人员在这些待客的态度、姿态上也会加分。

 # 赢得信赖的"无言的对话"

◆ 感性地理解顾客的需求

那么面对熟知姓名的顾客,只要每次站定了再开口聊上一两句闲话就行了吗?很遗憾,服务可不是那么简单的事情。

即便是平时要站定说些"您来啦""好久不见啦"之类寒暄话的客人,也有想避人耳目的时候。那么能够迅速理解状况、不声不响走开才是最好的服务。

想要做到能够这样因时因地自然得体地聊天或寒暄,诚意待客的一颗真心是不可或缺的。

服务的目的绝不是因为手册要求这样做,甚至也不是为了被人感激。只要能用一颗真心对每一个人温柔以待,那么自然能够感性地体察顾客此次莅临的目的、会需要什么样的服务。

所谓感性地体察,是指调动视觉、听觉、触觉、嗅觉等全部感官仔细观察体会顾客的需求。服务人员要把体察得到的信息在心里统筹调和之后作出合理的反应。

反过来说，想要想出些让客人倍感愉悦的点子，那么仅依靠过去的经验是难以做到的。只有时刻保持灵动与好奇，把积极调动五感的感受诉诸表现，才能产生更加深入的交流。

本章内容主要是从服务会话中的注意事项这个角度来进行阐述的，但在调动五感表现真心的时候反而要注意不必囿于言语本身，很多时候更需要"无言的对话"，此时无声胜有声。

在这里就介绍一则这种无言的对话的例子。

◆ 传递"人情"的千纸鹤

说到大仓酒店的特色服务，就不能不提到客房服务员们自发的折纸鹤活动。

海外酒店有一种传统，会把装有巧克力、糖果的小礼品篮放在房间里，称为欢迎服务。日本的酒店也借鉴了这一做法。

在大仓酒店，考虑到海外顾客比较多，我们在客房枕边摆上了用彩纸折的纸鹤。

这些都是客房服务员利用休息时间亲手所折，在整理客房时摆放上去的。虽然酒店采用的是西洋式的住宿形态，但服务员饱含心意一张一张折出的小小纸鹤，非常契合酒店想让入住的顾客体验日本文化的方针，无论在日本本土客人还是在海外客人中都是好评如潮。

甚至一些每年要来日本好几次、每次都入住大仓的顾客会对我们说:"我都攒了好几只纸鹤啦!以后也想接着攒,请多关照哦。"

像这样,客房服务员的一片真心,与理解了这份诚意的顾客之间,不正是达成了一种无言的交流吗?

顾客会用五感来感受服务

味觉
美味的食物
上乘的美酒

嗅觉
清新的香皂
醇香的红酒

视觉
漂亮的装修
清洁的用品

这酒店真赞!

听觉
安静的环境
优美的BGM
(背景音乐)

触觉
亚麻床品的质感
柔软舒适的床垫

对话之外获得顾客青睐的秘策

案例 5

我嘴笨，不适合做销售……

我每天奔波于各家企业之间卖力推销，但却很少有顾客肯接受我的产品，真让我苦恼不已。不知是不是因为我的嘴太笨，和顾客的对话总是很难推进，推心置腹的关系更是奢望。我不免开始怀疑：是不是我真的不适合做销售？

◆ 服务员就是销售员

其实，除去对话技巧，还有很多能让对话成立、交流深入的策略。

诀窍在于如何找到充分地调动五感吸引对方的办法。

我知道我这样说肯定会有人立刻反驳："说得倒轻巧，公司下达的宣传策略我也是尽力照做了的，根本不好使。"当然了，只是忠实地实践公司交代给你的事情，那是无法构成活生生的交流的。在这里，我们一起好好探索一下如何才能充分调动五感、把对方吸引到对话中来。

说起酒店，常会被误以为是坐等客人上门的以"等"为主的生意。但大仓酒店从创业之初就积极致力于开展销售工作，在已故总经理野田岩次郎的"服务员人人都是销售员"的号令之下，把销售的触角从日本伸向全世界。我本人每次去海外出差，也是一有机会就向人推销：大仓酒店承办各类会议和庆典，如果来日本请光顾大仓酒店。

现如今与人洽谈时说一句"我是大仓酒店的桥本"，任谁都会抽出时间与我详聊；但创业之初我不过是一个无名酒店的无名员工罢了，连申请会面的预约都难如登天。

◆ 领带轮流扎行动

这种时候经常用到的办法是创造自己专属的抓眼球标志物。譬如让下属跑去百货商场去买20根各种花色的便宜领带，然后把所有销售员召集起来一起分发。这里要注意的是，不是每人发固定的几根，而是确定大家轮流扎领带的顺序——哪天谁扎哪一根。

这样一来，所有销售员就每天扎着不同的领带拜访自己对接的企业，对方负责人注意到领带每天都不一样，随便一句："你每天都扎不同的领带哎。"也许这就会带来一个契机，让你们有机会构建一种可以深入了解产品的关系。

这就是一个制造对话契机的抓眼球实验。可见，即便没有什么公司发给你的高档礼品，只要你愿意开动脑筋，就一定有办法敲开顾客的心门。

◆ 藏在宣传单里的两根香烟

我曾在拙作《制造感动》中介绍过，我初出茅庐进入酒店业的时候供职于山上酒店，为了促进烤肉的销量增长，我把目标集中在御茶水的大学生身上，开展了一场咖喱饭促销行动，在这个行动中我也采取了抓眼球策略。

这次我用的抓眼球标志物是和平牌香烟。在大学周边的电线杆上张贴广告的同时，我用印有宣传语的小纸片每张包两根当时日本最高档的和平香烟，分发给了附近的大学生们。

和平香烟很快一抢而空，而我也如愿和来领烟的学生建立了交流："大家下次来尝尝我们店的咖喱饭呀！""一定去！"

第一次是一个人来，下次就是带着同一个学生社团的同学一起来，一来二去地我们的咖喱饭居然卖成了骏河台①的名小吃。

自不必说，为了让学生们吃好，我们在菜品的价廉量足上也下了不少功夫，但如果没有这次抓眼球行动带来的交流契机，能不能卖得这么好可就要画个问号了。

桥本流销售战术

1　广发名片行动

这是我从山上酒店的师兄那里学来的战术。给自己做十几种不同样式的名片，只要一有机会就递上，到后来很多人都记得我是那个"每次见面都给我一张不同样式名片的大仓酒店的桥本"。

2　街头揽客行动

在山上酒店工作的时候，我常到上野车站做突击销售。上下齐齐整整地穿着制服，和小卖店的阿姨、擦皮鞋的大叔、车站问讯处的职员和站岗的警察都搞好关系，争取能够赢得每一个散客的信任。

3　速效电话行动

从婚礼预约中心要来当天为了婚礼选场来酒店参观的新人名单，晚上就给他们的父母打去电话，感谢他们的到访、推荐他们在自家酒店举办婚礼。这通电话要当天晚上就打，这是关键。

---

①　骏河台是东京都千代田区北部的地名。周边有明治大学、日本大学等多所高等院校。

8 和顾客说话万不可失了分寸

案例6

一不留神顺嘴就说了

这是发生在寿司店的一则实例。店里有一位常客病倒住院，经过长期的治疗终于痊愈。出院后，全家人一起来到寿司店庆祝。店里的寿司师傅素日与这位客人交好，此刻也由衷地为客人康复感到高兴，就拿以往和客人闹惯了的态度涎皮赖脸地开玩笑："哟嗬别说，就您也能有两个这么漂亮的闺女，鸡窝里还真就生出凤凰了！"听到这些，客人的夫人和女儿脸上立刻现出不悦的神色。

◆ 马屁拍到马腿上

上述案例6里寿司师傅的话是典型的无视TPO[①]的发言。

案例中的常客本人熟知寿司师傅的风格，也许苦笑一下就过去了，但对于长期担心其身体、奔忙于医院护理的家人来说，这无异于刺耳的侮辱。

若是在其他比较愉快的场合，比如全家刚从海外旅行归来，或是一起庆祝升迁，尚能期待大家一团和气地当作笑话说说算了；但作为久病初愈后的寒暄，说这种带有贬低对方意味的话无论如何都不合适。这个例子可以说很好地诠释了什么叫如果失了分寸，本意褒赞的语句收到的将是相反的效果。所谓服务，就是这么复杂的业务。

而且，无论表达方式设计得多么机灵俏皮，只要疏忽了提供服务方与接受服务方之间的界限感就很容易发生同样的问题。你可以用语气语调或者表情神态营造活泼的氛围，但同时一定要注意谈话的内容、用词不能过于随便，这正是作为服务业从业人员最应该掌握的说话技巧。

确实，有时我们也会遇到顾客主动想要建立超越顾客与商

[①] TPO：Time（时间）、Place（地点）、Occasion（场合）三个英语单词的首字母缩写。

家关系的友好表示。

  对服务人员来说，能赢得顾客的喜爱无疑是一件幸事。但遇到这样的情况也要留意与顾客保持清晰的界限感，绝不能说些没轻没重的话。过去的经验里，我们见过太多由于丧失了界限感导致客人翻脸、发生龃龉事的例子。

9 与常客交谈时的高级对话技巧

案例 7

顾客诉求与工作手册规定之间

店里有位常客,每次来都会和我聊天。有一次客人对我说:"你和我讲话就没必要用那些礼貌用语啦,多生分!"话虽如此,店里的工作手册对于对话礼仪有严格的规定,破坏规矩会不会不太合适?

◆ 自己主导谈话节奏的技巧

遇到了上述案例 7 的问题,也就意味着你遇到了更难解决的高阶问题。或者说,恭喜你已经进入了一个新的层次——需要你自己思考如何在工作手册的规定之上加上自己的感性认知,正确掌握今后与顾客对话的走向。

即便一句简短的对话,也要求服务人员能够正确判断顾客现在期待的到底是哪种回应。既有希望你严守服务礼仪的顾客，也有希望你轻松不拘小节的顾客，不一而足。

那么我们设想一下类似案例7的情境，顾客要求服务人员"随便点，不用这么死板"，或提出"你这么说话让我拘束得很"。这种时候服务人员应该考虑的是，自己与说这样的话的顾客之间到底熟悉到什么地步。

如果只是脸熟，并没有几天交情的话，还是谨慎对待、保持恭谨比较好。毕竟人心善变，赶上顾客哪天遇到些烦心事心情不好的时候你用词太过随便的话，很容易招致顾客对你印象打折扣，觉得你是个"蹬鼻子上脸的家伙"。

如果是长期来往、确实熟知脾气秉性的顾客，也可以一点一滴地在对话中渗透个人色彩，最终能把顾客带到自己主导的谈话节奏里。这也就是所谓的把顾客引领进自身服务的调性里。但要特别说明的是，这可绝不是让你忘记界限感说些不知深浅的发言。发挥技巧与得寸进尺是两码事。

正确领会顾客的真意，为顾客提供安心与愉悦，让顾客体会到去朋友家做客一样的舒心和惬意——这才是我们引导关系发展的正确方向。

双方达成心意相通的默契需要长期的接触和细心的经营，时时刻刻注意礼仪分寸、一点一滴渗透个人色彩。

◆ 营造友好的氛围

我也与很多几乎每天都会造访大仓酒店的顾客之间有着心意相通的默契。

如果有年轻的服务人员听到我与这些顾客之间的对话，可能会大跌眼镜："说好的待客礼貌用语呢？"

譬如我有这样一位知心的客人。可以说，他每天不来大仓酒店的餐厅或者酒吧坐坐就过不下去。在他面前我会毫不客气地说："您来消费我是欢迎之至，不过您这胖得不像话了啊，东西都点半份吧！"

听了这话，对方也会笑嘻嘻地反驳："这么好吃的东西都只能吃半份，那我不白费那么大劲儿赚钱了嘛！"我就紧跟着追问一句："命和钱哪个重要？！"

这样的对话内容，我并不想随便推荐给广大服务人员。

因为我的这位知心顾客，他能听出我不希望他暴饮暴食损害健康的心意，也能听出我口不择言的背后，是与他的家人、与他的朋友一般无二的关心与情意。

◆ 不能让顾客开心就算不上好酒店

大仓酒店的餐饮空间、客房、健身俱乐部等的宗旨就是让

服务人员的谈话技巧

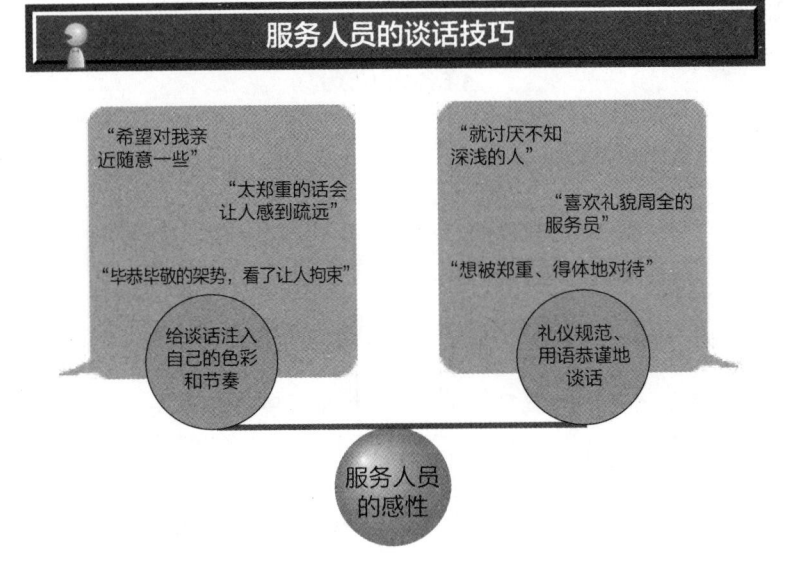

"希望对我亲近随意一些"

"太郑重的话会让人感到疏远"

"毕恭毕敬的架势，看了让人拘束"

给谈话注入自己的色彩和节奏

"就讨厌不知深浅的人"

"喜欢礼貌周全的服务员"

"想被郑重、得体地对待"

礼仪规范、用语恭谨地谈话

服务人员的感性

顾客过得开心。

如果不开心，顾客就不会每天都光顾。

我以大仓酒店为豪，当然希望顾客能每天都来光顾，我所做的一切正是在用自己的方式来表达这份心意。

在如今经济不振的严峻时代里，个人能够俘获多少粉丝，餐厅、酒店能够俘获多少粉丝，俨然已经成为经营存续的关键、21世纪酒店业活性化的活力源泉。

专栏

待客的诀窍

＊为口音而苦恼

我在东京的酒店工作，说话时虽然注意尽量使用标准日语，但总会不自觉地就带出大阪方言的重音和语调来，有时还会被顾客嘲笑"大阪腔又来了"。我应该矫正发音吗？

我曾遇到过这样的咨询。

毕竟现在这个时代，标准日语早已在日本各地普及，所以标准日语都说得乱七八糟的话确实是个问题。

譬如在大城市生活的人去小地方出差，听到酒店服务员说话怪腔怪调，有的人会觉得很好笑，也有人会觉得不舒服。日本是个没有时差、信息发达的国家，标准日语也经由电视等媒体的传播，通行于全国各地、千家万户。那么必须说，对尤其注重礼节法度的酒店服务人员来说，熟练掌握并运用标准日语是一项不可或缺的技能。

但同时要注意的是，从顾客的角度出发，全国哪儿的酒店都说一样的标准日语有点乏味——确实也存在这样的心理。

各地有各地的语言文化。珍惜这些特有的文化绝不是一件无谓的事情。在地方上的酒店里对顾客说了方言，可以加上一句:"在我们本地话里把××说成××。"这样一来,很可能顾客会追问:"哦,是这样呀,那××用本地话怎么说?"这也不失为一项拓展对话的技巧。

有一次我在仙台接待一位外务省①的高官,晚上去会所时我叮嘱老板娘:今天在店里一律使用仙台方言。当天在店里坐了两个多小时,那位高官非常高兴。

这样适度活用当地特色的做法,也能成为加深与顾客交流的契机。这算是一般的工作手册不会教的谈话技巧吧。

那么之前说的那个咨询案例里,地方出身的服务员在东京的酒店工作的情形下应该如何做呢?我认为刻意学说东京话虽然没有必要,但还应该努力熟练掌握标准日语。

至于语调之类的,我倒觉得没必要太过在意。我本人就出生于东北②,自认为发音已经很标准了,但依旧偶尔会被顾客问道:"你是东北人吧?"

其中知道我是同乡而备感亲近的顾客也不在少数。家乡的特色文化用得高明,也能成为提升顾客好感度的利器。

---

① 外务省:日本外务省为日本政府负责对外关系事务的最高机关,在职能上相当于我国的外交部。
② 日本的东北地区,指日本本州岛北部包括青森、岩手、秋田、山形、宫城县、福岛六县的区域。

会话力自检

1. 能流畅说出"欢迎光临""感谢惠顾""好的,明白了""很抱歉……""让您久等了"。 ☐

2. 说"好的""马上来"时,注意自己的表情、声调,以便能让顾客感到愉悦。 ☐

3. 特别留心与顾客说话时要停住脚步站定再开口,说话时看着对方的眼睛。 ☐

4. 对于如何制造话题、推进对话,自己胸有方略。 ☐

5. 能够正确地根据场合分别使用规矩得体的谈话方式或亲近随和的谈话方式。 ☐

第 2 章

洞 察 力

惹人爱的待客方式和
招人烦的待客方式

10　尽量提供一视同仁的服务

案例 8

怎么看人下菜碟！

酒店咖啡厅里的服务员见常客光临，热心服务，与顾客谈笑甚欢。谁知几天后酒店收到一封投诉信，指责该服务员对待常客与对待自己的态度迥异，让人不快。信中甚至措辞严厉地诘问："你们酒店就是这么教育自己的员工厚此薄彼的吗？！"

◆ 应该严守标准的待客礼仪

作为服务业，酒店对这类投诉特别重视。我如果收到这样的投诉信，会立刻召集负责人问明原委。

对待客人态度有所不同，通常会有"厚此薄彼"和"因人而异"两种情况。

如果是服务员擅自背离了酒店制定的标准、对顾客采取或骄横或谄媚的态度，亦即由于不能恪守底线而导致顾客产生不快的，属于厚此薄彼。

对特定顾客采取谄媚的态度容易引发其他顾客的疑心："看这小子的态度，一定是从那个客人那里拿了不少小费。"

与此不同，如果是服务员在遵守了酒店标准的基础上，针对顾客的不同情况表现出不同的态度，属于因人而异。

作为服务行业的一名从业人员，厚此薄彼的态度是断不可取的。这种自我本位的态度明显欠缺了对待工作、对待顾客的热情与责任感。而这份热情与责任感恰恰是服务工作最基本的初心。用丧失初心的待客态度是绝对换不来"优秀服务人员"这样的认可与评价的。

那么相较而言，因人而异是否可以呢？我认为只要能够恪守酒店标准的待客礼仪，对不同的顾客采取不同的待客态度是可以的。

甚或可以说，为了促进服务人员提高能力层级，我反而非常赞赏这种做法。

比如对一些常客，可以在上菜时多加一句："今天从北海道直送来的虾非常新鲜，厨师长特意煎得很嫩，您尝尝看。"表达欢喜和感谢的话语也多多益善："前几天贵府的千金光临时还夸我们的菜做得好呢，真是感激不尽。"

◆ 观察和推理的能力

用什么方法能够更好地运用因人而异的待客态度和对话技巧？用什么方法能够更好地观察顾客的需求、提供能让顾客身心愉悦的服务？这需要一定的推理能力。

付诸行动的同时，还应该注意用心培养记忆顾客作何反应的能力。日后顾客再次光顾时，这些信息都至关重要。

针对不同的顾客适当改变待客态度的技巧当然无可厚非。与顾客之间的交情深浅、人情世故各异，这些技巧便应运而生。可以说对待常客的态度略有区别，在某种意义上正体现了重人情、有温度的待客之心。

死板地墨守既有规定、机械地罗列礼貌用语，根本无法提供能让顾客感动的服务。

如何实现因人而异的待客态度

例：在餐厅看到客人就座后……

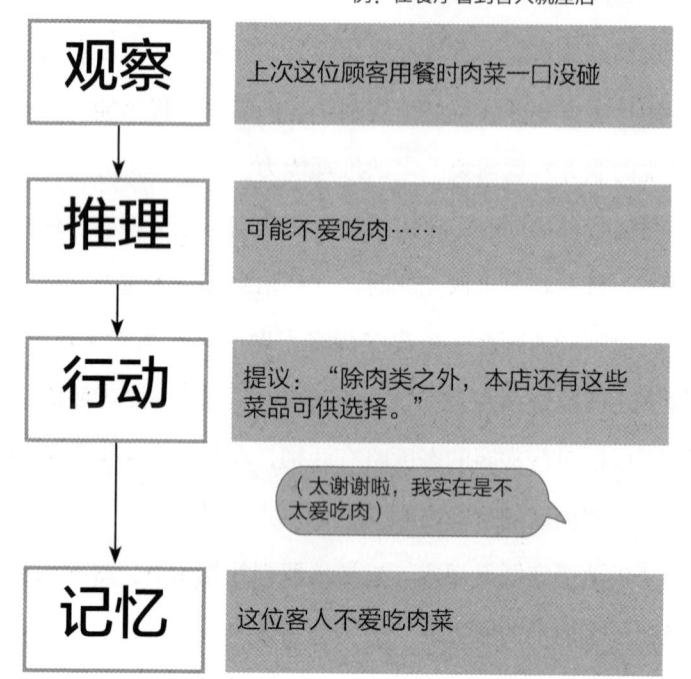

观察	上次这位顾客用餐时肉菜一口没碰
推理	可能不爱吃肉……
行动	提议："除肉类之外，本店还有这些菜品可供选择。"

（太谢谢啦，我实在是不太爱吃肉）

记忆	这位客人不爱吃肉菜

11 满足嫉妒心强的顾客的待客术

◆ 源于嫉妒的投诉

不得不说,确实会有一些自以为"我可是这家酒店的老主顾"的顾客。在案例 8 的情形里,抱有这样想法的人如果感到相较于自己,其他顾客更受优待的话,很可能就会投诉服务内容有问题。

这是一种偏执心理,由此而起的投诉案例也不在少数。

扎实掌握了服务的基础,通过观察表情等能够分辨出性格偏执的顾客,就要因势利导,灵活转变服务态度。作为服务人员这可以说是最基本的对应了。

举一个例子,给大家传授一个在餐厅或者露天茶座很好用的小技巧。

◆ **多留心站立的位置**

譬如有位爱投诉的顾客，嘴上常常发着牢骚却又经常光顾。

这样的时候，就要求负责常客餐桌的人员一边服务常客，一边留意投诉客的动向。

具体说来，首先注意站立的位置，做到服务常客的同时、让投诉客也处在自己的视线范围之内。在与常客聊天的时候也要时常顾及投诉客的动向，如果他（她）举手示意，就要立刻中断与常客的对话转向回应他（她）。

如此一来，抱有偏执心理的顾客就会暗自生出某种满足感："那边聊得那么起劲儿的好像是个常客，不过我一叫就过来了，可见心里也顾着我呢！"

其实回应性格偏执的顾客也不难，做到不卑不亢的态度、温柔和煦的语气、郑重周到的服务即可。在这基础上如果能适当加上一点技巧，那么即便犯点儿错误也不至于被投诉。

12 磨炼能够识别顾客需求的洞察力

案例 9

不知深浅,没一点儿分寸!

露天茶座来了一位已经服务过多次的客人,我就主动上前聊天、详细介绍了今天的特别菜单,想以此取悦他。

谁知后来听说他走时跟领班投诉说我的态度"不知深浅,没一点儿分寸"。

◆ 为什么客人会觉得你"不知深浅没分寸"?

案例 9 与案例 8 是截然相反的投诉内容。

前文说到的因人而异地调整待客态度,是一项段位很高的技能,对致力于服务行业的人来说可谓是登龙门。

案例 9 中被顾客投诉"不知深浅,没一点儿分寸",从某种意义上说也是无可奈何的事情。毕竟众口难调,顾客有各自不同的意向、喜好和对服务内容的期望，很难让每一个人都满意。

但在这里我们还是有必要重新审视一下顾客会觉得你"不知深浅，没一点儿分寸"的原因。

首先反省一下在言行上有没有脱离常规的地方、有没有触及顾客不想触及的话题等。

其次要推断一下顾客最开始是如何看待自己的，也就是自己留给顾客的第一印象。

人的心理都有一个倾向，就是一旦第一印象不好，后续无论服务内容还是对店铺的整体感觉都会大打折扣。这种情况下，明明提供服务的一方并没有做出什么减分的举动，顾客依然会觉得与自己的期待不符。

譬如我们以顾客一进门就沉下脸为例。

那我们需要再次检查是不是自己的服饰、体臭的影响，是不是说话的口音、快慢上有不好的习惯，等等。

如果发现并不是这些原因导致的，那么很可能是源于与顾客的意向不合。这种情况下，只要做到严格遵守标准操作、尽心竭力提供服务就可以了，没必要过分忧虑。

◆ 以投诉为契机进行自我检视

案例 9 中顾客在离店的时候留下了投诉，正好给我们检视自己的服务内容创造了契机。也可以说，这位顾客的行为才是接受服务的正确打开方式。

想获得百分之一百，或是百分之一百二十满意的服务，那么不仅提供服务的一方，接受服务的一方也得积极表明自己的希望才有可能达成。如果在待客方面感到不合心意、或者没有获得想要的服务，顾客是可以作出申明的。

譬如想一边吃饭一边聊点儿私密内容的话，就绝不会希望店员没完没了地介绍当日的特别菜单。这时候说一句"我有重要的事情要聊"，或者用表情或动作作出希望一点空间的暗示，只要是有点儿基础的酒店员工都会识趣走开的。

这就是顾客方申明需求。

当然，更重要的是提供服务的一方不断磨炼自己识别顾客需求的能力。诚然，顾客的需求时刻随着节点、状况等条件变化，很难做到百分之百地契合。

但提供服务的专业人士都特别擅长识别顾客的需求。这是他们经过日积月累磨炼得来的洞察力。

针对一个投诉，我们就有如下这些检视项目。可以想见，那些服务行业的专业人士每天会做多少细致的自我检视。

针对一个投诉进行自我检视的项目

发生投诉

- [ ] 行为举止是否得当?
- [ ] 用语措辞是否得当?
- [ ] 有没有体臭、衣冠不整?
- [ ] 是否做到准确识别顾客态度或表情的变化?
- [ ] 是否完全理解了顾客的言语?
- [ ] 是否准确把握了顾客的需求?

13 从观察自己开始

案例 10

对自己的餐桌礼仪没信心……

我有一个想成为餐饮业高级服务人员的梦想,但前两天发生了一件让我特别受打击的事。

当时我正在旅行途中,在餐车用餐时因为刀叉用得很生疏,被坐在对面的老人好一顿嘲笑。连刀叉都用不好,更别提什么成为高级服务人员了。

◆ 梦想与现实之间的鸿沟

案例 10 的故事,不瞒你说,就是我自己的亲身经历。

大致是昭和二十八年[①]前后的事情,那时出过国的日本人

---

① 昭和二十八年即公元 1953 年。

为数不多,用刀叉吃饭还是件稀罕事。

彼时我还是一个初出仙台的穷小子,也没怎么吃过西餐,而且满嘴的东北乡下口音,让我深深地感到挫败,一度怀疑自己那个成为一流酒店服务人员的梦想是不是太不切实际了。

无论谁都曾有过这样的经历吧。怀揣梦想,然后渐渐意识到那个梦想与现实中的自己之间存在巨大的鸿沟。在这种时候最重要的是发挥对自身的洞察力——我称之为"心灵营销"。简单点说,就是认真审视到底如何才能实现自己的梦想。

说起洞察力,通常我们总是想到观察别人的能力;其实,如果不具备观察自身的眼力,那就根本谈不上观察别人。要想实现梦想,就要比以前更加努力学习、多向人请教。而向人请教,需要恪守礼节。如此这般在身边收集有用的信息、让自己成长和跃迁的做法,就是心灵营销。

营销这个词,到目前为止也主要用在掌握社会动向、提出对应方针这一方面。放在个人身上,需要践行的营销则是提升自己的德行、获得别人的好感。能正确认识自己所处的状况、所处的状态,就迈出了将梦想变为现实的第一步。

14 克服"恐惧"的粗暴疗法

◆ **索性做讲师**

针对案例 10 的事件，我想介绍一下我采取的具体行动。

既然有志于酒店业，我强烈感到必须掌握刀叉文化。于是我策划了一系列教授女子高中的学生们学习西餐餐桌礼仪的讲座，并亲自担任讲师。

首先我托人帮忙约到旺文社的赤尾好夫社长见面，我看上了他们名下的一处设施。那里现在是旺文社国际的办公楼了，但当时还是御茶水的学生会馆。

东京常年有很多从日本各地来修学旅行的学生，这处学生会馆平时被用作这些学生的临时宿舍。所以白天学生们出门去东京都内游览观光的时段，会馆的食堂是空着没人用的。于是我打算利用食堂空置的这段时间举办讲座。

赤尾社长对我这个年轻后生做的企划表示了兴趣，爽快地同意出借场地，还帮我们在由旺文社发行的面向高中生的杂志

《萤雪时代》里刊登了广告，针对想学习西餐餐桌礼仪的女高中生开展宣传，立刻收到大量参加讲座的申请。

每次讲座的听众都有 200~300 人，需要当着这么多人的面讲授使用刀叉的西餐礼仪——我把曾经那个被老人嘲笑的自己逼到了这样一个境地。

既然要教别人，那就不能一知半解。而且教授餐桌礼仪的讲师如果只是做一套教材然后照本宣科，那对于特地赶来参加学习的女高中生们肯定没什么参考价值。要是因为教授方法枯燥落得个"乏味的老师"的评价，跟自己都没法交待。所以我使出浑身解数，反复钻研礼仪的基础知识，并且杂糅了大量时新的信息。

所幸这个企划项目受到了各方的广泛好评，共举办了超过 200 次讲座。以此为契机，时至今日我仍以参与毕业前专题培训的形式，延续着举办餐桌礼仪讲座这项事业。

◆ 把"为自己的"变成产品

目前，我还兼任社团法人日本酒店餐饮服务技能协会的会长。之所以组办这个协会，也是因为我在担任讲师的过程中深刻感到餐桌礼仪讲师的稀缺和培养能够正确授课的讲师的必要性。

心灵营销

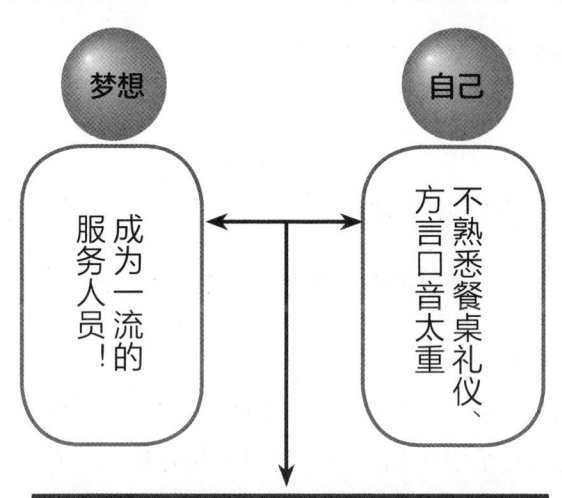

梦想：成为一流的服务人员！

自己：不熟悉餐桌礼仪、方言口音太重

怎么做才能缩小差距？

- 想学习餐桌礼仪
  → 寻找能变学为教的舞台

- 想改掉方言纠正发音
  → 尽可能多地制造与人交谈的机会

- 想请人教授餐桌礼仪
  → 恪守礼节、发展人脉

顺便提一句，日本酒店餐饮服务技能协会作为权威机构，长期举办餐桌礼仪讲师资格考试，并为考试合格的人颁发认定证书。

这是我的心灵营销化为产品的结晶。

◆ 把方言变成双语特长

说来也巧，策划讲座、担任讲师还给我带来了一个意外的收获。

因为来听讲座的都是东京的女高中生，我总不能用土里土气的东北方言给学生们上课，所以我拼命练习用标准日语备课，居然在短时间内就能够流畅使用标准日语了。

现在我可以在东北方言和标准日语间自由切换，私下跟同乡就讲方言，公共场合就讲标准日语，完全没有负担。

洞察力自检

1. 能够通过顾客的表情、动作等推断出顾客的需求。☐

2. 对于初次见面的人，能够自觉地留心观察对方的反应。☐

3. 有时刻思考"顾客现在想要什么？"的习惯。☐

4. 能与顾客一边对话一边观察新的需求。☐

5. 能够正确理解自己目前的不足和弥补不足的方法，并付诸行动。☐

第 3 章

好 感 力

一项服务被顾客喜爱的理由

15 衣冠不整会毁掉整个酒店的形象

> **案例 11**
>
> **衣服皱巴巴的原因**
>
> "你的工作服上怎么全是褶子!"上司一见面就批评我。我解释说,过几天店里要承办一个大型活动,今天一直弯腰屈腿地忙着前期准备工作。这种情况裤子上留下褶皱也是没办法的事嘛。

◆ 顾客看的就是这些地方

虽然不知道上面案例 11 中的主人公具体负责什么业务,不过要是我,我也会批评他,无论他如何辩解这一天做了多少繁重的服务工作。为什么要如此苛刻呢?因为你裤子上的褶皱是怎么来的,与接受服务的顾客无关。

服务人员一旦站在顾客面前,代表的就是整个酒店的形象。如果真的以提供一流服务为己任，那么不管你有什么苦衷，出现在顾客面前时就不可以衣冠不整。别以为不用在意这些细节，千里之堤溃于蚁穴，细节上的纰漏日积月累就会给酒店的整体形象造成恶劣的影响。

顾客的眼光是很挑剔的。你以为制服上无伤大雅的一点污渍一点凌乱，都会立刻被顾客作为背景信息输入大脑；进而成为引发顾客"我可不想接受那种人的服务"心理的诱因。

这样一来想要赢得顾客的好感就无从谈起了。

大仓酒店要求男性工作人员上班时间必须穿统一的整洁工作服配白衬衫。领结上不能有污渍，裤子必须裤线笔直，袜子要纯黑色且不能有任何的装饰或图案，鞋子当然也得擦得干干净净。

对女性工作人员也同样要求只能穿黑色或肉色的纯色无花长筒袜。如果是穿和服迎宾，内衬的中衣的领口必须在保持清洁的同时用领衬支撑挺括，头发用发网兜好等，我们对如何清爽干练地着装作出了详细的指导。

其实作为一个有志于服务行业的人，这些都是不言而喻的基础常识，绝不能用一心忙着工作当借口就任凭一身行头变脏、变皱。公司为什么要发制服给你？是时候回归初心、重新思索了。

16 细心留意言行 誓死捍卫形象

◆ 衣服每天换洗，修缮合用的休息室

为了让服务人员出现在顾客面前时能给顾客留下整洁利落的印象，大仓酒店花费了大量精力和财力。良好的外观能折射出服务人员优秀的内在，这是我们的理念。

大仓酒店采用的制服衬衫是纯白色的，每天都发放新洗好烫平的给员工们上班时穿用，并严格规定如遇工作期间制服污损等情况，必须马上更换。

洗好的制服也一律挂在衣架上保存和待发放，避免因折叠产生折痕。考虑到有些易脏环境中的工作需要脱掉白色外套以免弄脏，我们事先准备了休息室，内部设施方便随时挂放衣物，连员工工间休息时的椅子也是设计过的，能够避免落座时膝盖弯曲把裤子撑变形。

可别小看了区区一件工作服。洗一件就要几百日元，而在岗员工有数千名，我想你也能想象出为这区区一件工作服我们会花费多少经费。

◆ 改掉散乱的习惯

如果员工们平时就邋邋散漫，坐卧行走都不注意，我们再怎么花心思把洗好烫平的裤子发给他们也是白费。况且现在随随便便就往路边一坐的年轻人越来越多了，他们对裤子上的皱褶完全无感的倾向越发明显。

对于这种源于生活习惯导致的穿制服时衣冠不整、不拘小节，有必要一一指正。大仓酒店在新人员工的培训期间，作为穿着制服时的注意事项，教育他们养成必须随时注意制服有无散乱的习惯。并且帮助他们强化对于穿制服的意义的理解，提升每一位新人作为大仓人的意识，指导他们彼此监督提醒。也许有些人会觉得教育新人不应该有这些琐碎絮叨的内容，但我们想要的是顾客一句"大仓的员工就是干净利落"的称赞。我坚信这事关每一位大仓员工好感力的提升，也有助于推动整个大仓形象的形成。

17 留心那些出乎意料的陷阱：体臭、口臭

案例 12

> **有狐臭……**
>
> 我因为天生有狐臭，在餐厅工作时出于对客人的礼貌，我会稍微喷一点香水掩盖。虽然我会留心选择一些气味较淡的香水，但那天还是被一位对气味敏感的客人投诉说："你的香水味太刺鼻了，好好的饭菜都被糟蹋了！"

◆ 口臭讲习会与狐臭治疗机构

要留心的不止制服。如果顾客闻到服务人员身上有让人不悦的气味，那么他曾抱有的好感会立刻荡然无存。

体臭、口臭之类自身很难意识到的气味特别容易成为被人介意的地方。譬如不吸烟的顾客如果遇到一个满嘴尼古丁味道

的服务员跟他讲解菜单，心里肯定郁闷至极。

　　大仓酒店在体臭、口臭管理方面也专门聘请了培训师为员工举办讲座——口臭讲习会。在员工食堂用餐后漱口是必须遵守的硬性规定。我们会不厌其烦地反复强调："连口都不漱的家伙别来上班！"

　　而且不只是烟味，如果顾客是来吃肉的，那在员工食堂刚吃过鱼、满身鱼味儿的服务员都不应上前。

　　我们还专门设立了治疗狐臭的机构。

　　既然是大仓人，就绝不能让人觉得臭。

　　可以说所有这些细节上良好习惯的培养，都是为大仓酒店赢得业界翘楚声誉的基础。

　　前面案例12这种情况，哪怕公司不提供专门诊所，自己掏钱也应该尽快治疗。

　　对于服务人员来说，因为体臭、口臭或者前一天宿醉留下的酒味儿等而丧失了顾客对自己的好感，无疑是致命的缺陷。若真的有志于从事高级服务行业，那就不要只想着仰赖公司福利，要舍得下血本投资在自己身上。

18 发型可以个性化到什么程度

案例 13

头发有自来卷不行吗?

有一位女性很想从事酒店业的工作,不料被人一口否定:"你头发的自来卷严重得都快成爆炸头了,想在一流的酒店工作门都没有。"这位女性为此非常苦恼。

◆ 重要的是清爽感

自来卷确实是一个人的个性化要素,但学会活用个性化要素、创造自己的独特仪容对于从事服务业、赢得顾客的好感也很关键。

但让人感觉发型散乱是不行的。头发要梳平扎紧,不要让人产生不悦。

对于不会让人产生不悦的发型的定义,各公司有各公司的规定，也就是说要按照公司的实际要求、在允许的范围内行事。

以大仓酒店对于男性员工的要求为例，颈后的头发要剃上去、鬓角修短、用发乳发蜡等固定好是基本条件。发型原则上要梳偏分，在符合原则的范围内允许自由发挥。

实际上我本人的头发就有一处特别不服帖的地方，在额尖附近，如果硬往后梳的话容易变成飞机头，为了能让头发看起来自然规整、不给别人留下怪异的印象我也下了不少功夫。

对于女服务员的要求也非常严格：发型必须是向内扣的或者束起来，绝不允许有头发扫到衣领的情况，以免让顾客心生不悦。刘海剪短或全部梳上去，头饰也只允许佩戴黑色、藏蓝色和深棕色的，不能过于艳丽花哨。

总之，从根本上说我们追求的是能带给顾客清爽、严谨的感觉，只要符合这个原则我们并不具体规定梳什么发型，烫发还是不烫发交由个人决定。

当然也不乏通过有个人特色的发型，让顾客更留意和记住自己、进一步产生好感的成功案例。所以说，是不是自来卷，算不上什么大问题。

打理发型凸显个人特色，这也是一个提高自身修养的过程。修养的养字和美字有着相同的上半部，朝着"美"的方向不断提高修养，亦即打造一个更能让人抱有好感的自己，是每一个服务人员的必修课。

待客的诀窍

＊捕捉笑容的技巧

有一对举办婚礼的新人特地从美国请来了一位摄影师,负责拍摄婚礼现场的照片。

我在酒店的日程安排表上看到这一项立刻来了兴致,跑到婚礼现场观摩他如何拍照。

若说有什么感想的话,那就是两个字:服气。

虽然完全语言不通,但他不会错过捕捉顾客自然笑容的瞬间。

我详细说明一下他给来宾拍集体照时的情景。当时他嘴里喊着"1、2、3!",大家都紧紧盯着镜头,他却在喊完3时并不按下快门,做一个滑稽的鬼脸让紧绷着脸严阵以待的亲朋好友们瞬间放松下来。而他好像就是在等这个瞬间,立刻眼疾手快按下快门。这种对于从紧张僵硬到自然发笑那一点稍纵即逝的时机的精准把控,真是让人由衷地钦佩。

虽然没有看到照片最后的成品,但我确信绝对会是一份能让各方都满意的婚礼纪念,因为当时每一个人都笑得那么自然,那么开心。

平时我们说起结婚照，总是默认那种全神贯注在镜头上、让人备感紧张的拍法。酒店里将这种方法奉为圭臬的摄影师尤其多。

但我这次被这位异国摄影师的专业手法深深触动了。与我们的成规迥异，他以非常亲切友好的态度面对入镜的众人，要捕捉的是大家展现最自然的笑脸的那一刻。

这种能力不仅对摄影师有用，对酒店的所有服务人员也都有宝贵的参考价值。

只可惜，当时我们酒店的摄影师没来观摩。

我也没客气，用我的桥本流责备我们酒店的摄影师："放下什么非我族类的排外和偏见吧！难道你连一点拿来主义的气概都没有吗！"

19 你的那个小毛病正让顾客心生反感

案例 14

> **好在我不是很介意……**
>
> 负责酒吧工作的员工，某天上班时突然遇到一位客人提醒他说："你有个毛病啊，总是下意识地用手推眼镜。好在我不是很介意，不过，"他提醒道，"很可能有客人不喜欢你用摸完眼镜的手再去摸杯子什么的哦。"

◆ 对随身物品要特别讲究

俗话说人无完人，任谁都会有这样那样的小毛病，自己独有且意识不到。

对服务人员来说，如果这些小毛病不会成为让顾客心生不悦的材料，那么归结于各人的个性无伤大雅。但若有像案例14这种负责酒吧工作的服务人员总是下意识地去摸眼镜的毛病的话，那就成问题了。

虽然顾客说"好在我不是很介意"，可别以为他真的不介意。人如果对一件事真的不介意，是根本不会意识到这件事的存在的。所以可以认定，这位客人只是委婉、客气地表达了自己的不满而已。

我们如果仔细观察戴眼镜的服务人员，就会发现确实会有很多人会有眼镜稍微歪了一点就马上用手扶正的毛病。别小看这个小动作，对服务人员来说它简直就是在向世人证明自己是个邋遢散漫的人。与制服、发型等问题类似，既然是自己的随身物品，那就应该想方设法做到严谨利落，或是努力找到适合自己的眼镜，或是找眼镜方面的专家问问，必须精益求精。

我本人也戴眼镜，这里不妨给大家说说我的做法。

首先，我预备了几副不同的眼镜，以应对不同场合、心情的使用需要；然后，我还有一项每月必做的功课，就是把所有眼镜都拿去眼镜店修整。这样的话如果发生镜框戴不稳容易脱落之类的问题，我就在店里当面咨询专家，请他们帮我修整妥当。

当然我在意的并不是眼镜这个物件。在戴法上我也非常留心，绝对不会单手往下一扯，而是要用两手轻轻扶住镜框，从正面不偏不倚轻戴轻取。这样也会减少镜框歪拧、意外掉落的概率。

或许有人会觉得不过就是个眼镜、有点小题大做了，但这确实是身为服务人员、片刻不敢大意的我所采取的处置方式之一。或者应该说，我们要着力培养的正是这样的思维习惯——与服饰相同，只要是自己的随身物品，就应该时刻注意选择适合自己的东西，而不是用"人无完人""小题大做"糊弄过去。

待客的诀窍

＊桥本流模拟干洗法

一旦养成了注重着装整洁的习惯后,再穿皱巴巴的西装自己都会觉得不自在。

平时上班通勤途中弄皱了的话,换一套平整的穿就好了;但如果在外地出差,手边肯定预备不了那么多套西装。给大家传授一个应对这种情况的小窍门。

我常会去外地出差或旅行,在地方的酒店住上一宿。只住一宿的话,换洗的衬衫和领带我肯定会带,但通常不会带换洗的西装。

因为要坐车、坐飞机长时间移动,尤其是西装裤子特别容易起皱褶。第二天穿上这皱巴巴的衣服裤子别提多闹心了,简直坐立难安。所以这种时候我会在入睡前进行一个仪式:

首先将西装在衣架上挂好后去泡澡。泡完澡后,不要放掉浴缸里的热水,同时打开淋浴喷头。

把西装挂到离喷头比较近的浴帘杆上,这样等上个十分钟左右,浴缸里冒出的大量蒸汽会让褶皱消失不见,西装焕然一新。

然后关掉淋浴、放掉浴缸里的热水。西装就挂在那里，我上床睡觉。

经过一夜，第二天早上再穿上身的时候，西装就像刚刚干洗过一样熨帖平整。

希望大家别嫌麻烦，下次亲自尝试一下。我已经养成了习惯，只要住地方的酒店就用这一招。

不过也出过岔子。

有一次我到乡下出差，入住旅店之后依照习惯洗完澡把西服往浴帘杆上一挂，开始放蒸汽。谁知没一会儿工夫我房内突然警铃大作——蒸汽触发了旅店的高灵敏烟雾探测器。

当即就有旅店的工作人员以为发生了火灾大张旗鼓地冲进我的房间，闹了个人仰马翻。

我赶紧说明了情况让他们回去了，但心里颇有点五味杂陈，在酒店业摸爬滚打这么多年，我还是头一次遇见这种情况呢。酒店真是个神奇的地方，你永远也想不到接下来会发生什么。

20 高级服务人员全身都是关键点

◆ 用个人申告卡来确认关键事项

从制服到发型，我们已经详细列举了诸多自我检视的关键点。

希望大家都能够养成在开始服务工作之前检视自己仪容的习惯：是否能给顾客留下严谨利落的印象？能否展示独特的个人魅力？

当然，大仓酒店也规定每天开始工作前，每名员工都要用个人申告卡来确认一下自己在仪容上有没有会引起客人不悦的瑕疵。

综合这些措施就能让员工们深刻认识到提升自己的外在形象对赢得顾客的好感有着至关重要的作用。可以说，服务人员本身就是酒店这个特殊空间内最重要的卖点。因此酒店的经营方也会对员工的仪容格外重视。

◆ 设定审视自我的时间

如此一来，时刻留意自己的形象、想到顾客正在看着自己，也就成为服务人员一项重要的素养。

极端一点说，应该养成每天早上一睁眼就自我审视的习惯。我自己会在每天清晨对着镜子刮胡子的时候，一边看着镜子里自己的脸一边自我诊断：今天气色不太好啊、今天我的状态不错哦，等等，然后按照自我诊断的结果安排当天相应的行动方式。

每天换领带的时候也同时调整心态，让自己面貌一新、唤起自己挑战新的一天的斗志。

以前也有过觉得辛苦的时候，但现在已经完全不觉得苦，这也是服务人员必须经受的训练。

每天早上 5 点钟起床，调整好身心状态后 6 点半到 7 点之间出门。这已经是我的固定节奏。如果哪天晚了半小时就会一整天都过不好。

面对每一天的工作时，给自己的身心定好稳定的节奏是非常重要的。

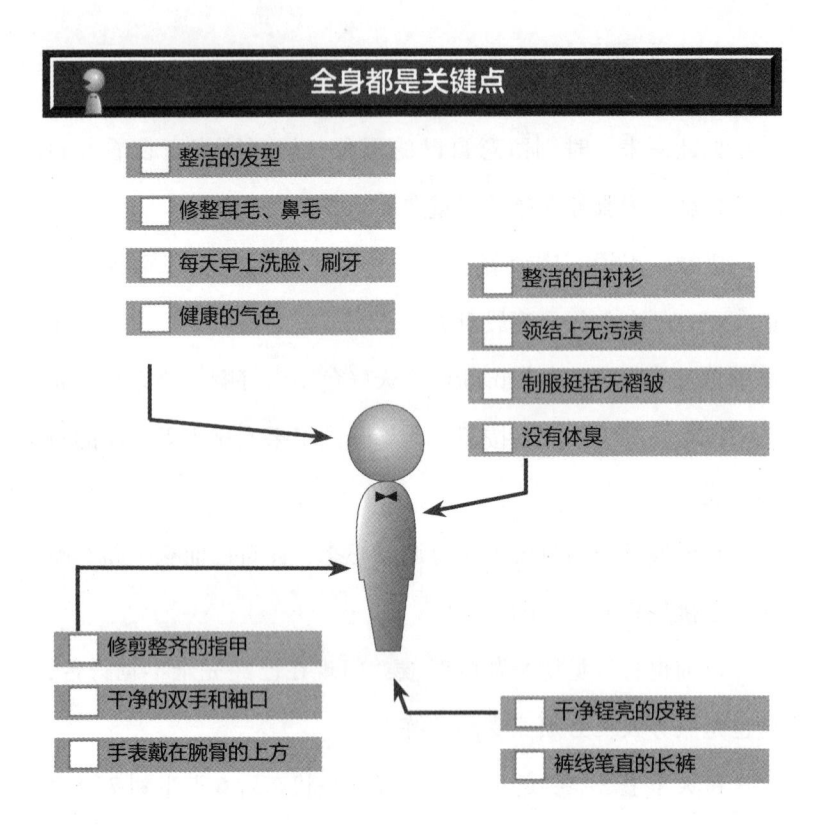

全身都是关键点

- ☐ 整洁的发型
- ☐ 修整耳毛、鼻毛
- ☐ 每天早上洗脸、刷牙
- ☐ 健康的气色

- ☐ 整洁的白衬衫
- ☐ 领结上无污渍
- ☐ 制服挺括无褶皱
- ☐ 没有体臭

- ☐ 修剪整齐的指甲
- ☐ 干净的双手和袖口
- ☐ 手表戴在腕骨的上方

- ☐ 干净锃亮的皮鞋
- ☐ 裤线笔直的长裤

21 用笑容征服顾客

案例 15

> "你好闷啊!"
>
> 我是绝对真心诚意服务顾客的,但却经常被领班申斥:"你这个服务态度真是一点不讨人喜欢,性子又那么闷。"好像客人那边也有过类似的投诉。

◆ 发自内心的笑容是服务人员的基础素养

给顾客留下"眼神阴郁""性格沉闷"的印象是服务人员致命的弱点。

毋庸置疑,如果服务人员想要获取顾客的好感,那么笑容是最重要的因素之一。脸部肌肉因过分紧张而僵硬的人是没法让顾客感到亲近的。相反,笑容如果太随便,又会让人觉得你皮笑肉不笑,同样会引起顾客的不快。

可以说，笑容构成了服务人员全部素养的基盘。只要能真心实意地热爱工作和顾客，那么一个发自内心的笑容便不是难事。

案例 15 中的当事人有必要重新审视一下自己，面对工作、面对顾客是否真的做到了怀揣一颗真心、伸出热情的双手？

◆ **看着镜子，勤加练习**

更进一步说，研究自己的表情对于专业的服务人员来说也是非常重要的。每天早晨出门上班前用 30 秒钟时间就行——对着镜子展露笑容，尝试做出各种不同的表情，看看都会给人什么样的印象。在心里模拟各种场景，脸上作出相应的表情，或显示关心、或分享喜悦、或表达遗憾，等等。

总之出自真心的自然的笑容是基础。在这个基础上在镜前反复练习，找到最让自己满意的笑容，并且努力做到在需要的时候脸上能够自动浮现出这个笑容。

如此这般可以准确拿捏自己的表情之后，就要在实践中训练自己，哪怕是忙得咬牙切齿的时候，也能在面对顾客的一瞬间露出自然真诚的笑容。用笑容征服顾客，这无疑是服务人员最无可替代的武器。

好感力自检

1. 工作时注意尽量不弄脏工作服。 ☐

2. 吃过东西后一定刷牙或漱口。 ☐

3. 发型有清爽感。 ☐

4. 在顾客看不到的地方，有照镜子确认自身状态的习惯。 ☐

5. 知道自己最美的笑容是什么样子的。 ☐

第 4 章

自 尊 力

彰显一流的秘技

22 不要误解自尊的含义

案例 16

伤自尊了！

有一位在其他酒店工作的朋友到我工作的餐厅来用餐。他扫了一眼我递上的红酒酒单，说："没想到啊，最近都说××红酒质量好，你们店怎么连那么火的酒都没进啊？"我一时语塞，无言以对。平时我常以自家店里提供最好的红酒而自豪，所以感觉自尊心备受打击。

◆ 不必为做不到的事情感到羞愧

那么面对案例 16 中的情景，应该如何作答呢？首先，没有就没有，这不是什么丢脸的事；然后不卑不亢地道谢："感谢您的指点，我会好好研究。"

只不过，如此回答要注意一个前提。很多光顾酒店的顾客容易误以为酒店里什么都有准备，但实际上即便是就红酒一项来说，也不可能所有品牌都购置齐全。

大仓酒店也经常遇到类似案例16这种情形的投诉。以客房里放置的粉底液等女性用品为例，时常就会有顾客问"粉底怎么没有××品牌的啊"之类的问题。对于各个品牌，每个人都有不同的喜好，但麻烦的是一旦酒店没有预备那个品牌，顾客就会说"大仓也不过如此嘛"。

当然了，大仓酒店构建了能够最大限度满足顾客需求的体制，也欢迎顾客致电提出任何要求。同时，我们尽可能全地预先备好了各大品牌的产品，努力达到顾客的预期。

但这种准备毕竟有限。时至今日，每个商品都有着无数细分的品牌，每个品牌都有着不同的受众，想要把所有受众的所有品牌都搜罗齐全是极其困难的。

因此，若被人问到"你们这里没有××品牌吗"的时候，我希望你能用包容的心态去感谢："啊，又接收到一个新信息。"而如果你在这种时候感到的是被冒犯、伤自尊，那我要告诉你，你对自尊这个词有误解。

23 自尊不是狂妄自大玻璃心

◆ 深入研究，汇报成果

在案例16中，仅表示感谢还不算完。若真想做一个高品级的服务人员，就不能停留在嘴皮子上，而应该立即着手研究顾客提到的那款红酒。

要注意的是，我并不是要你不分青红皂白、只要顾客提出要求就一股脑儿加进餐厅的店藏清单里，而是说要仔细权衡此种红酒与自家餐厅的文化、理念或哲学是否匹配。

假如你判断这款红酒的品质并不适合作为自家餐厅的常备酒，那就进一步研究下次有机会的话，为这位顾客提供什么样的红酒更能令他满意；假如你发现这款红酒确实值得引入自家餐厅的酒水单中，那就应该采取行动，努力说服上司积极引进。

如果公司不批准将此酒纳入常备酒序列，而上次和你提起这种酒的又是一位常客的话，那么专为那位客人购置几瓶也不失为一个好方法。下次顾客登门时，你只消一句"××先生/女士，您上次吩咐的红酒我们已经为您备好了"，即刻便能提升顾客的好感度。

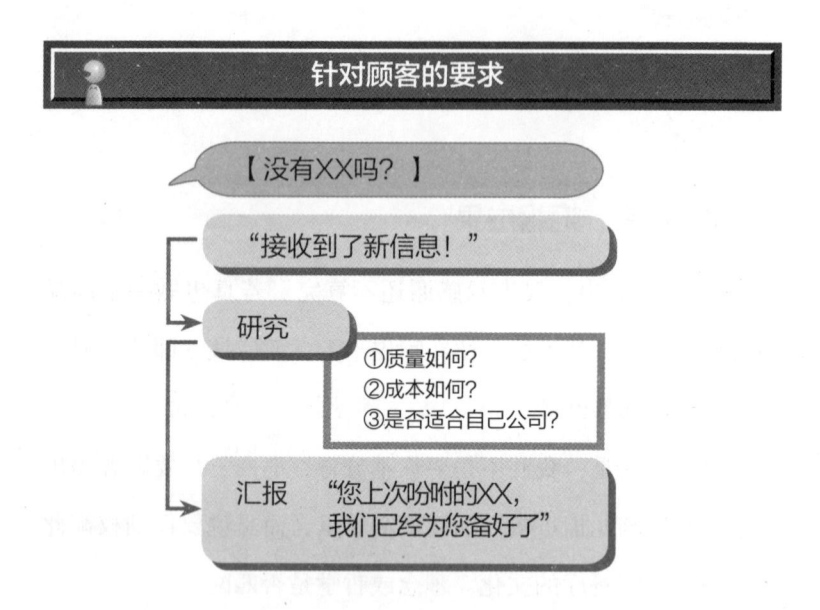

针对顾客的要求

【没有XX吗？】

"接收到了新信息！"

研究
①质量如何？
②成本如何？
③是否适合自己公司？

汇报　"您上次吩咐的XX，我们已经为您备好了"

◆ 每个人的自尊汇聚成酒店的形象

服务不能沦为向顾客献媚，自尊在这里刚好能够发挥适当作用。而自尊的基础是过硬的专业素养，服务人员有必要在平日钻研商品、拓展认知。

大仓酒店一直教导员工为顾客提供服务时有三点不能忘：感恩、自尊和自豪感。自尊绝不是狂妄自大或玻璃心，而是在恪守酒店标准的基础上，尽力提供正合顾客心意的服务。

如今酒店数量已趋饱和，些微的差距都会对酒店的口碑产生巨大影响。而拉开差距的一个重要因素，就是服务人员怀有自尊的力量。

有时难免遇到一些顾客责难酒店的标准错了、死板不知变通，但毕竟大多数顾客接受、认同了"大仓风范"。

不正是每一个大仓人默默汇集起自尊的力量，成就了这份接受与认同吗？

> 专栏

待客的诀窍

* 最好的 ACS

经常有人问我大仓风范的秘诀是什么。说到底都归结到原点——已故野田岩次郎社长在昭和三十七年5月20日大仓酒店开业当天提出的理念：最好的 ACS。A 是 ACCOMMODATION（设施）、C 是 CUISINE（餐食）、S 是 SERVICE（服务）的首字母缩写。

大仓人时刻都要以提供最好的设施、餐食和服务为己任，为此，无论在技术层面还是精神层面都必须日日精进，尽力让顾客满意。

基于这个理念，为实现最好的 ACS，我们具体、详尽地制定了大仓标准，并将其根植于每一个大仓人心中。

要想达成最好的 ACS，仅有供给方的理论基础是不够的，必须站在顾客的角度构建整个质量管理系统。需要有能够满足每一位顾客诉求的"One to One"（一对一）级别的质量。酒店高层口头上空喊一句要做到最好没有意义，因为每位顾客的期望值不尽相同。而面对每一位具体的顾客，能够出色地满足顾客诉求时的喜悦，或者为满足顾客诉求而付出的努力，才是大仓人自尊的内核。

在这里，我抛砖引玉把大仓酒店的理念呈现给了大家。我想如果你也向顾客提供服务，那一定也有自己的理念。那么不如趁现在这个机会，让所有在各自岗位上的服务人员都来重新审视、重新体会一下，我们的理念的初心是什么、真意在哪里？

24 服务人员啊，变身万能人！

案例 17

被调去其他部门，立刻没了干劲

我在酒店的酒吧工作已有 3 年时间，隶属于酒店饮品科。经过这 3 年的磨炼，我已经熟练掌握了本职工作，也颇以自己的调酒师身份为荣。谁知就在我打算进一步精进技巧、提升能力的时候收到一纸调令，被调到了前台科。以我现在的状态，我不知道自己还能否对前台业务也倾注相同的热情。

◆ 你是调酒师还是酒店员工

你是以身为调酒师为荣，还是以身为酒店员工为荣——这是一个问题。

如果你的答案是前者，那么只好辞去酒店的工作、转到街上的酒吧做专业调酒师了。但如果你的答案是后者、你还是有志于酒店业，那就应该把这看作自身修炼成长的一环，服从公司的轮岗安排。

你以什么为荣，也就是你自尊的重心放在哪里，做这方面的自我剖析时应该以顾客感受为第一要义。也许你是给顾客提供了调酒师的服务，但大多数客人还是把你看作酒店的一名员工。

想要成为酒店服务达人，那么不全面掌握所有的业务，就总有一天会面对难题不知所措。就算你只在酒店的酒吧里工作，自然也会有被顾客问及其他餐饮部门或酒店客房方面问题的时候。那么即便你对酒类相关问题对答如流，只要答不出其他类别的问题，一样会被顾客贴上不称职的标签。

当然，对调酒业务情有独钟并非错事，但要明白一点——在掌握了所有基础业务之后再深挖一个方向，是磨刀不误砍柴工。浸润在前台的基础业务中时也能不忘初心、努力奋进的人才能获得长足的发展。

◆ 广谱的经验值是你的加分项

以我本人为例，从扫厕所、烧锅炉到维修、前台、侍应等，我转战过一个酒店员工能够涉足的所有部门。正因为我有这样的广谱经验值加持，时至今日我应对起大仓酒店发生的任何问题仍然游刃有余。

说起万能人，一般是指精通所有领域的人才。而我所说的桥本流万能酒店人指的是业务经验范围有多层重叠的人。

说到底，任何部门的工作中服务的本质都是相通的。每从事一项业务，酒店业的万能人都应该划出一个相应的经验范围圈。随着经历过的业务的增加，经验圈的个数也不断增加，这一个一个经验圈互相交叉、反复重叠，就淬炼成万能酒店人深厚的内力。

一句话，就是要尽可能广谱地吸收知识与经验。能做到这一点，在面对任何状况时你都可以交出一份让顾客满意的答卷。对以服务为生的酒店人来说，这就叫万能。

服务业尤其是酒店员工，工作需要他们适宜地应对顾客的各种诉求。因此，竭尽全力做好眼前被分配的工作、同时将此时此地的经验不断叠加到以往经验上的修行，对他们来说就格外重要。

总有一天，也许是回到自己曾经心仪的酒吧工作，也许是其他部门，这些修行积聚的内力都会为你打开一片崭新的天地。

第4章 | **自尊力**

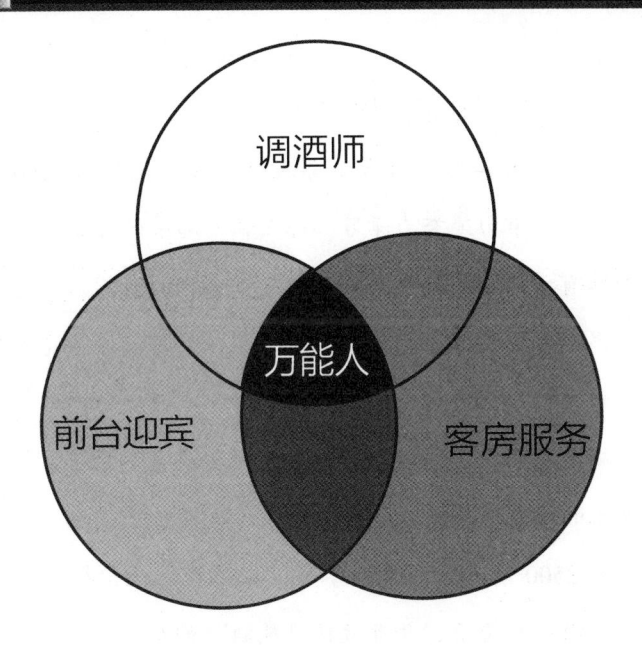

桥本流万能人

- 调酒师
- 前台迎宾
- 客房服务
- 万能人

待客的诀窍

＊自创鸡尾酒诞生秘史

对酒店员工甚或对所有服务人员来说,无论身处哪个部门,只要不遗余力地努力学习,那么积累起来的经验总会对日后的工作有所裨益。我给大家介绍一个身边的实例。

三得利公司举办了一届鸡尾酒大赛。大赛以评选能够代表当今时代的自创鸡尾酒为宗旨,向全国各地酒吧的调酒师发起征集。鸡尾酒的味道、色彩、香气,加之调酒师的技术都成为大赛评比的对象。

共有 2500 余件作品报名参赛,从中将评选出得分最高的一款鸡尾酒,并授予"年度最佳鸡尾酒"的称号。

值得纪念的是,荣获 1998 年度最佳鸡尾酒桂冠的不是旁人,正是供职于我们大仓酒店洋兰酒吧的调酒师——中村圭二的作品:皇家四重奏。

实际上,中村并非一直从事调酒师的工作。供职于大仓酒店期间,他也曾有好几年的时间离开酒吧、转到餐饮部做侍酒师。

虽说貌似都是与酒相关的工作,实则大相径庭。酒吧工作接触的大多是威士忌、白兰地之类的高度蒸馏酒，餐厅侍酒师打交道的则是以红酒为主的酿造酒。

而且不用说，做侍酒师自然没有机会展示漂亮的摇酒功夫。

如果他就此丧失干劲、得过且过，那么无论对他本人还是对大仓酒店来说，都是在浪费时间。

但他没有泄气，转而一头扎进对红酒的钻研之中。

正是这样的经历成就了他独一无二的作品。

荣膺大奖的皇家四重奏突破了大家对香槟的刻板印象，拓展出一个全新的方向。

评委对皇家四重奏赞不绝口，称："有幸遇到了这款史无前例的餐前酒，我恨不得立刻把它写入酒水单。"

大仓酒店当然不落人后，马上开始在包括洋兰酒吧在内的各餐饮部门推广销售皇家四重奏，市场反应持续稳定，为酒店的业绩贡献显著。

可以说中村的皇家四重奏正是一个"不得不为之"的经验在自己"心向往之"的工作中开花结果的最好范例。

25 如何传承建立起的自尊力？

案例 18

人手不够

在露台餐厅工作的服务员抱怨人手不够。尤其是客流集中的午餐时间，难免顾此失彼，无法全部按照客人要求顺利按时上菜。

◆ 传授工作技巧

恐怕遇到过年轻员工这样抱怨的餐饮领班不在少数吧？

大仓酒店也有人在服务部门的板块会议时提过相同的意见，这种时候我都会不留情面地直接驳回去。

我的观点是先提升每个人的战斗力，然后再讨论人手够不够的问题。

大多数员工并不知道我做过端盘子跑堂的服务生。他们以为我这个大仓酒店副总经理充其量是曾经负责过餐饮方面的业务罢了。

他们错了。我之所以敢于正面批驳他们，是因为我有做厨师、做服务员的亲身经历，我的每一句反驳都有实际经验作为论据。

譬如我会问他们，盛着煎蛋的盘子，你一次能端几个？

现如今的一线员工平均也就一只手端个两三盘。可我在一线工作的那个时代，两只手端10个盘子那都是家常便饭。所以一句话："你说的这个问题，我就是这么克服过来的。"

说到底，问题的核心在于思考方式——人手不足是因为每个人都只能端两个盘子，可为什么只能端两个是理所当然的？

盘子一次端好几个这并不是我的什么独门秘技。我在一线工作的那个年代，这都是业界常识。而这种常识性的工作技巧没能够传承给现在的一线员工，这是另一个核心问题。

◆ 让曾经的服务传承至今

过去的不良传统可以作为反面教材口口相传、敦促后人自我反省，但技术上要排除不良传统的影响，不断改善。而常识性的工作技巧，一定要准确地传授下去。我认为如果这种传承发生断代，那绝不仅仅是年轻一辈的问题，没能把经验传递下去的领班层也要负相应的责任。

　　我不是要夸耀自己的技巧有多高明，也不是一味反对增加员工数量。只是如果服务员们由两只手只能端 3 个盘子变成端 8 个，也就相当于无形中增加了一倍的人手。仅仅是这一点技术的提升就能解餐厅的燃眉之急，当然更重要的是，这也有助于员工的自我成长。

　　不可否认，即使是在自创业之初便一贯追求高水准服务的大仓酒店内部也出现了差距——知道创业时的员工能力的人与不知道那种能力的人之间的差距。而最大的问题在于，不仅年轻一辈的员工缺乏努力奋进的志气，连作为骨干的中坚力量也日渐满足现状、不思进取。

　　但所谓追求高水准的服务，就是一份永远在通往至美至善的道路上上下求索的心意，至少，也要把曾经的服务档次传承、发扬下去，同时力求突破和改善。

　　唯此一途，前人辛苦建立起的自尊方能得以传承后世。做事时多动脑，才能提供让倾心于大仓风范的顾客满意的服务。

◆ 针对干部培养对象的180天特训

　　大仓酒店对于传承自尊力有着有组织、有计划的安排。因为每一位员工的大仓人精神不是一朝一夕就能养成的，所以如何有效培育这种精神，无疑决定着大仓酒店的未来。

作为其中重要的一环，我们每年都会选出 20 名干部作为培养对象进行"180 天特训"。从各一线部门征集 27~31 岁的青年骨干，培训内容从服务技巧到成本核算方法、管理工作的基础知识、客房整理的做法，等等。培训所花费的人力物力令人咋舌，而且培训期间还要设法找人接替这些受训骨干的工作。

对于培训合格的骨干，我们会颁发资格认证，希望他们以此为契机一步一步成长为服务业的万能人，有朝一日能够真正成为一名名副其实的好干部。

26 为什么一定要继承自家公司的哲学？

◆ 酒店业提供的是"事"服务

我之所以如此执拗地向大仓酒店的服务人员反复强调要继承自尊力，主要出于如下考虑。

前文我们已经说过，大仓酒店的服务理念是"最好的ACS"。其中的 C（餐食）和 S（服务）的水平非常容易受到提供者主体的影响。而酒店这台巨型机器一年 365 天不间断地运转，日积月累才能成就自身。

也就是说，即便创建伊始便斩获了提供高水准餐食和服务的口碑，也时刻不能松懈，必须让这高水准向着更高水准不断精进。

随着时间的推移，员工必然会交叠更替。那么，若想确保大仓酒店的水准能够得以维系和提升，就必须把创建之初的服务原原本本、扎扎实实地传授给新生代的员工们，培养他们作为大仓人的觉悟。

而我终日把"酒店业提供的不是'物'服务,而是'事'服务"的论调挂在嘴边,其根本原因也正在于此。

◆ 对历史和哲学的理解,会成为待客的灵感

对自尊力的继承,并不是单纯传授"大仓标准"之类的服务技巧,让员工们能够理解大仓酒店自创业之初便一以贯之的哲学和文化才是重中之重。

如果真的有志于成为一流的服务人才,那么深入理解自己所属组织的历史与哲学是必做的功课。

人总是不自觉地把已经准备好的物件、构建好的体系视作理所当然。但实际上,只有充分了解了这些既有物件、体系的来历、缘由,才能真正懂得这些东西、体系背后的意义与逻辑。而这些,又会进一步变成接待客人时的灵感。

例如大仓酒店的大厅为何不设咖啡茶座,而是采用十分考究的日式和风设计?为何前厅柜台不设在正对大门的位置?诸如此类,应该牢记的历史与哲学渊源不计其数。

在每一处细节里都蕴藏着大仓酒店想让国内外来客充分感受日本文化魅力的良苦用心。从这个意义上可以说,在大仓酒店提供服务的人员应该学习的,不仅仅是大仓酒店自创业之初

的历史和文化，更应该连日本这个国家自创立之初的历史和文化都收入囊中。我常常批评"酒店人不爱学习"，也是因为这里所谓"学习"应有的广度与深度，绝不局限于酒店服务这狭隘的一隅。

前几天刚有报道称，在青森县新发现了一处古坟遗址。这一发现推翻了之前学界对于绳文时代的年代划分，并且从古坟可以推知当时已经形成了村落、出现了阶级分化与相应制度，这一发现刷新了考古学的认知。

我在看到这条消息的时候心里颇为感动："日本是蹈袭着这样的文化和历史一路走到今天的呀！"思绪从考古学飘散开去，想到对于人类来说聚居繁衍意味着什么，又想到酒店这一住宿设施如何演变而来；后来索性跨上摩托车，亲自跑到古坟参观了一番。

我坚信，所有这些一点一滴的学习与积累终有一天会成为酒店商品开发和策划的灵感源泉，甚或升华为支撑商品构架的哲学。

◆ 有一项任务叫"传递给新生代"

或许上面的话题过于跳脱了，我们还是说回酒店。每家酒店自然都有自己自开业以来的历史与文化。我想大家现在一定能够理解把这些历史与文化原原本本、扎扎实实地"传递给新生代"对于提高服务人员的资质来说具有多么重要的意义了。

如今,和我一样亲历、熟知大仓酒店创业至今历史的人越来越少了。也正因为如此,我更加感到把这些教授给下一辈年轻人,让其得以传承和发扬光大是我不可推卸的责任。

1999年3月1日,大仓酒店福冈分店隆重开业,总部派去的干部也赶赴现场,向福冈员工们讲授了大仓酒店创业30多年的历史与文化。

当然不只在福冈,自1994年与滨松市及第三区合作建成大仓滨松酒店之后,在所有大仓系的连锁实体中我们都在教授服务技能之外,特别开设了历史与文化培训的课程。

无论出资占比几何、是否派驻员工,只要是冠以大仓头衔的酒店,其员工就必须认真学习大仓的处世哲学。

27 如何应对降价时代？

案例19

收到了降价的要求！

某天，一位熟客对我说："××酒店的午餐套餐价格可是降了不少哦！你们这儿也便宜一些嘛！"我一时不知该如何作答。

◆ 轻易降价的利与弊

经济下行的当下，各业界都打起了价格战。

酒店业也不例外。这边有酒店给住宿费打了7~8折，那边就有酒店开始提供1000日元的自助午餐，各家都为价格大战使出了浑身解数。

不可否认，通过开发新食材、改善进货渠道等节约成本、重新制定合理价格、开发新的顾客群是很重要的。尤其现代消费者愈发喜好能够拥有更多选项——从高端高档到经济适用，他们希望能够任意从中选择。为迎合这种趋势和需求，改变售卖体系不失为方法之一。但作为服务人员一定要注意避免一味地迎合、降价而导致服务内容或质量下降。

人言最可畏。我的耳朵里就刮进来不少关于某酒店餐厅的消息，说曾经视他们家的咖喱饭为最爱的顾客听说降价300日元一开始还挺高兴，结果吃到嘴里发现味道一落千丈，自此粉转黑。

大仓酒店当然同样面对这一难题——如何严守"最好的ACS"基本理念，又能适宜地融入当下的市场？

现在越来越多非头部消费者也想体验大仓的氛围，那么，这部分消费者形成的市场，是否能与以往提供最高级品质服务的传统市场并行不悖、互不抵触呢？对这个问题的研究，帮助我们找到了如何应对价格战泥潭的大仓流回答。

我们采取的第一个举措，是在酒店内的洋兰餐厅里提供周日自助餐。周日的自助餐，常有顾客携老带幼过来家庭聚餐，所以我们推出一项给老人与儿童打折优惠的活动。当然，高质量的餐饮内容和服务是一点不打折扣的，付账时出乎意料的低价总是带给顾客超值的满足与愉悦。

这项服务我们并没有做大张旗鼓的宣传，反响却极其热烈。

顾客们一致评价：能以如此亲民的价格享受符合大仓风范的服务，必须全家总动员！

于是这项服务不胫而走，单靠口碑传播就成为爆款。

待客的诀窍

* 一万日元的同学聚会的幕后

除周日自助餐之外，多项志在开拓新市场的举措逐次展开。例如第 6 章会详细介绍的每人仅需 1 万日元的同学聚会企划。

我把大仓的职员们叫到跟前说："你们谁能争取到学校的同学聚会，我给你们办每人只需 1 万日元的超值版！"

这 1 万日元含服务费、消费税和饮料费用，绝对是颠覆大仓常识的巨惠价格。以往举办这样的聚会，光餐食就要每人 1 万，场地费用和服务费另算，加在一起差不多一个人要 2 万日元，现在费用全包仅需 1 万日元。

那么显然，首先餐食费用不控制在 5000 日元之内的话酒店就得赔掉底。所以我们一头扎进备餐开发研究室，开始了全新的商品开发。

既要维持品质又要降低成本，我们首先着手的是改革进货端。迄今为止，需要什么鱼什么肉就打个电话去订已经成为进货的固定模式，这次不得不回归初心、货比三家了。

结果我们发现，大仓居然已经滋生出了"只要东西好，多少钱都行"的傲慢，从几家固定的供货商那里，只要能买到想要的东西，连价都不还。那么就没有办法既不降低供货品质，又能少花点钱吗？

开发研究室的同事们打破常规，找到新型产地直销路径等各种办法，不仅解决了当时的课题，也对整体业务改革影响颇深。时至今日，备餐的现场依然保留了以产地直销进货为基础设计餐食的工作流程。不过仅是食材便宜可跨不过商品化的门槛。如果做不出与之前同等美味又美观的菜品，这个企划就不能算是成功。

好在努力和汗水最终结出了丰硕的成果。最初的出发点不过是想举办一个每人1万日元也能享受正宗大仓餐饮与服务的同学聚会，而实际上，在攻克这一课题过程中积攒的知识和经验，能够灵活运用在其他市场、其他商品的企划和开发中。

我们不做餐饮或服务的单纯暴力降价，这是大仓给出的结论。但不可否认的是，在长期经济不振的日本，酒店业需要制造人气聚集的能力。为实现这个目标、努力多争取哪怕一个顾客光顾，价格上都应该反复斟酌考量。

28 设施上的缺憾也可以用人力弥补

案例 20

"你们这家店的设施真够老旧的啊"

客人点了客房服务，我去送餐时客人抱怨说："都说你们家是一流酒店，我看你们这家店的设施真够老旧的啊，我的电脑半天都连不上网。"对于酒店的一流服务我一向引以为豪，所以听到客人投诉设施不好真是特别遗憾。

◆ 重要的是人的力量

如果只是感到遗憾、感到不甘，那作为服务人员实在太不称职了。应该作出的回应是正确掌握引起顾客抱怨的具体情况，如果电脑知识过硬的话当场帮客人解决问题，如果自己能力不够的话则应该立即联系酒店里的专业人才前来应对。

迅速着手解决自不必说，叫来负责人解释清楚为什么无法上网、取得顾客谅解、尽快消除顾客的不满情绪同样重要。

大仓酒店也遇到过类似的问题。现在酒店的每个客房内都配有可以连接所有移动终端的系统，以应对日新月异的科技进步。

但有些使用老式电脑的顾客中会出现不刷新中心的 PBX 交换机就很难连网的情况。针对这个问题，我们已经预先在客房内做了标识，告知顾客如果遇到这样的情况可以拨叫服务中心，但仍发生过顾客拉住路过的保洁人员投诉的案例。

虽然当时保洁人员自己也有着并不轻松的本职工作——对于在规定时间内必须完成几间房间清扫是有着严格指标规定的，但他仍认真听取了顾客的投诉内容，并立即联系相关人员赶来应对。

这才是真正的顾客至上。即便个人指标完不成也要先用人力弥补设施的不足，从这一点上来说，这位保洁人员的做法值得所有服务人员学习。

待客的诀窍

＊为设施查缺补漏的力量

酒店特别需要紧跟时代、引入最新设备。简单瞥上一眼客房，也能看到电脑、智能马桶、全自动空调系统等五花八门的高新设施。

随着时代变得富裕充盈，有很多来住店的客人在家里已经用惯了这些最新式的室内装置。如果酒店里没有配备这些装置，就容易遭受顾客投诉。

所以在实践"最好的 ACS"理念时，对 A（设施）要随着时代的发展作出必要的改进。

脚步紧跟时代的需求，才能够提供令顾客满意的服务，为顾客带来新鲜感和惊喜。

但在实际操作层面，哪怕是给每间客房增添一个小小的改动，都需要耗费巨额预算。

大仓酒店有 800 多间客房，如果每间客房都需要导入一个价值 10 万日元的新器材，就意味着一共需要 8 亿日元的投入。

而如果厕所等处有应对防水要求的改造、翻新，一层楼就需要斥资数亿日元的情况也不在少数。

很显然，随着时代进步不断修缮翻新确实是维系最佳住宿环境的必要手段之一，但每天都有新开发的好东西问世，酒店不可能照单全收、一一装配。

那么为设施查缺补漏，就需要服务人员用人力进行弥补和跟进。

例如小宴会厅里没有导入最新式的空调或者温控设备，服务人员就应该经常不动声色地检查一下换气和温度情况，有没有烟味、会不会太热或者太冷，然后根据实际需要开关窗户和窗帘。

用这样细致周到的关怀为顾客营造舒适的时间和空间，也是服务人员必备的能力。

若想作出符合时代要求的应对，就要求每一名服务人员都能够积极调动自己的五感、用皮肤感知温度、能够自发地为顾客解决掉每一个隐藏的不方便或不舒适。

* 酒店的成本节约术

用紧跟时代步伐的新型设备来保证"大仓风范"。与此同时，开发以削减成本为目标的低价品目，且不能有损"大仓风范"。

这乍听起来似乎是个二律背反的命题，但对大仓来说，这确实是为了顺应时代必须两手都要硬的现实挑战。

从酒店经营方的角度来说还有一点至关重要，就是要时刻考虑为了节约成本需要如何运营。

对于来餐饮和住宿的顾客，酒店肩负着看护好他们人身和财产安全的使命。

为此，酒店要妥善管理被称为生命之源的水，也要保障夜间的警卫工作顺利进行。

可以说，越是一流的酒店，越是在这些表面上"看不到"的安全保障方面下了血本。

这些成本反映在价格里，顾客"看不到"钱花在哪里，就容易抱怨价格太贵。

大仓酒店保证顾客食宿安全、让顾客享受非日常的曼妙空间，作为其代偿确实要收取不菲的费用，但在节约成本上的努力也一刻都没有松懈。

比如用水方面。大仓酒店每年支付的自来水费就高达7亿日元。

在新建分馆之际，我们率先导入了泳池水循环系统和厨房冰箱冷却用水的回收再利用系统。

光热费每年也轻松突破10亿日元大关，但实际上我们早已引进了最先进的控制系统，锅炉实现电脑自动控制，自动计算、比对各个时段费用最低的能源，在燃气、石油和电之间自由切换，以节约成本、削减经费。

诚然，导入这些系统也要好几年才能收回成本，但我们毅然选择放手去做。在这背后，有我们努力节约成本的理念，更有我们珍视资源、保护环境的初衷。

而在安全警卫系统方面，我们在顾客看不到的地方设置了传感器，然后由控制中心统一管理。

这一套系统导入之后，能以更少的保安人数达到与以前相同的安保效果。

同样，导入系统的成本需要一段较长时间才能收回，但毫无疑问的是，人工费已经得到显著削减。

自尊力自检

① 能够列举出数条自家产品优于其他商家同类产品的长处。 ☐

② 掌握自己公司的理念、哲学、历史等方面的知识。 ☐

③ 能够清晰阐明自己想成为一个什么样的服务人员。 ☐

④ 能以一颗平常心妥善应对顾客对于设施、设备的投诉。 ☐

⑤ 以自己能在当下所属的公司工作、提供服务感到自豪。 ☐

第 5 章

聚 合 力

孕育最佳服务的团队合作

29 服务的关键是团队合作

案例21

看到身边的同事觉得气不打一处来

我在酒店的婚礼预约科策划了一款新式的结婚典礼,接到订单后着手准备典礼会场运营、订花备餐等事宜。因为身边的同事经验不足、不堪大用,到头来基本都得我自己出手。婚礼日期迫近,准备工作却还没什么进展。看到身边的同事还是一副不紧不慢的样子,我真是气不打一处来。

◆ "独自努力"无法成为称职的服务人员

乍一看,案例21中的员工似乎正为了工作取得成功一个人砥砺前行,但从酒店经营方的角度来看,他的怒气完全是错误的。

不仅案例中的部门，可以说酒店的所有部门都存在这样盲目自信的员工，总觉得自己亲自动手才能做得更快、更好。

这种类型的服务人员大概率是已经对酒店各领域工作基本有了通篇了解的中坚层以上的员工。尤以在某一专门领域拥有过人才技、自诩具备"匠人气质"的沉默寡言者居多。

但实际上，这种类型的员工应该回归服务的原点、重新审视服务的意义。

从工作性质上说，能够建立良好的人际关系是服务人员最重要的资质之一，在这一点上酒店员工尤为如此。即便上同一道菜，上菜的人不同，菜的味道也会不同，这是业界常识。正是这种无形的"调味品"，才是让顾客感动的最好作料。

先有良好的人际关系，才能有不着痕迹的优质服务。这不仅是顾客与服务人员之间的问题，同事之间没有良好的人际关系的话，也同样无法提供让顾客感动的服务。

从这个观点来看，像案例 21 中的员工这样不肯信任其他同事、什么都要亲自动手的做法，作为一名服务人员是不够称职的。

独自一人指挥所有工作必须权衡主次、设立优先级，而优先级别较低的工作不可避免地会延迟、滞后。

与之相比，整个团队协同运作肯定更省时、更高效。

对酒店经营方来说，你因同事不配合而怒发冲冠毫无意义，经营方要的是看到你游刃有余地率领团队、为预约举办婚礼的顾客提供所有承诺的服务；当然更希望看到团队同人能够一起探讨如何提供更能感动顾客、更有附加价值的服务。

比如能有人积极进言："顾客喜欢康乃馨，不如我们把预订的装饰花卉全部换掉，做一个康乃馨花海吧！"

大家共同探讨出的更有附加价值的服务当然是有价服务，这就在带给顾客感动的同时，也确保了酒店的利润。

专栏 **待客的诀窍**

＊工作不能孤军奋战

我希望在酒店工作的服务人员既是专才，能够一骑绝尘，又是通才，能够博采众长。要从一个八面玲珑能够自如应对各种情况的一线服务人员，逐步成长为领班、部门总管、可堪委以酒店未来重任的人才。

而这样能够不断成长的人才即便在大环境经济下行、就业不稳的状况下，也可以确保获得较高的评价，从现役到退休后的生活都有保障。

但工作中我们也确实会遇到主张"只想做好自己的工作、喜欢孤军奋战"的服务人员，他们往往会顽固地拒绝聚合、拒绝抱团。

对于这种类型的服务人员，我们也要因材施教、赋予其相应的职责。

大仓酒店新增设了"专任协理员"一职，由那种已经熟练掌握酒店服务的各项内容，但无法和同事组队工作的大龄员工担任。

他们的职务内容用一句话概括就是顾客的专属服务员。

比如说事先得知有一位熟客要来酒店住宿或参加宴会,那么专任协理员就要负责在顾客的预定到达时间,到酒店门外迎接并做店内引导。当然,类似为顾客开门的门童服务、为顾客拎包的行李员服务他也要一并兼任。

而且,仅做这些基础的服务还远远不够。专任协理员的一大职责是预先给顾客的公司或家里打去电话,向顾客的秘书或夫人确认好顾客的健康状况,然后按照顾客的实际情况提供个性化的服务。如果客人来参加宴会,那么即便酒店预计提供的是常规套餐,也要根据顾客的身体状况和厨师商议适当变更套餐菜品或口味。

若想完美地完成专任协理员的工作,实时掌握顾客具体情况的渠道,以及与餐饮、住宿等其他部门负责人的紧密对接是关键。其实这些联络工作所需的能力同样是聚合力的一种。表面上看专任协理员的工作极适合喜欢单打独斗的员工,但设定这一岗位的背后还蕴藏着大仓希望这些员工能够通过协理工作重新认识到团队协作重要性的良苦用心。

30 "光说不做"固然不可，但"光做不说"不如"既做且说"

◆ 专才不如通才

对于一名合格的服务人员来说，与其能够独自一个人撑起半边天，不如能够调动一群人做成一件事更重要。酒店业尤其需要后一种人才，亦即比起一个专才突出的业务能力，复合型通才的八面玲珑才更应该成为服务人员的基础技能。而对于不能积极表述观点、正确下达指令的服务人员，人们也倾向于给出他们不具备管理能力的评判。

"光做不说、埋头苦干""敏于行而讷于言"，在东方文化中一向都是备受推崇的美德，但放在需要同事之间密切沟通的服务人员身上就成问题了。

好的服务人员应该是"既做且说"型的人才。

所谓"说"，指的是能与身边同事取得共识、能将其方法论渗透进同事中去的行为。进而构建起相应的体制，能够保证即便自己不在，其他任何一名同事都可以顶替自己的位置、提供同等的服务。这才是服务业界的专业精神、服务人员的匠人技艺。关键在于能否在具体的情境中充分调动共事者的积极性。

◆ 毫无保留地分享自己的武功秘籍

当然，我绝不是在否定专才的价值。

特意造访酒店的顾客里，有不少是专为吃某位主厨的某一款菜、喝某位调酒师的某一款酒而来的。

但是依据劳动法的规定，酒店基本采用工作3天休息1天的办法安排员工轮流休假，如果每逢某位员工的休息日，某项服务或者某款餐饮的质量就下降，这是要危及酒店信用的大问题。

想在今天的时代生存发展，必须考虑提升经营效率、促进团队协同作战。这就对服务人员提出了更高的要求——为了激发身边同事们的潜力，也为了提升酒店的整体水准，自己掌握的内功心法、盖世绝学不能秘而不宣，而是要毫无保留地分享给大家。

31 担任工作的范围应该如何划分？

案例22

"轮不到你出场"

有一次我正在露天茶座服务，在做自己所负责的餐桌的业务时，旁边桌的客人叫住我说要点单。我心想反正我刚才记的那一单也要拿去报给厨房，就顺便帮这一桌也点好拿过去。谁知随后就被职场前辈叫到一边训斥道："多余的事儿少干！还轮不到你出场！"

◆ 宰相肚里能撑船的器量

我自己也有过与案例22中相同的经历。二十几岁的时候我在餐厅工作，某次看到糖罐子上沾了指纹就顺手擦掉了，孰料负责那片区域的女服务员暴跳如雷，怒吼道："少给我的工作挑刺！"说完当着我的面把糖罐子又擦了一遍。

还有人跟我聊起过类似的情景,说他发现其他部门的服务中有些可以改进的地方,就坦率地向那个部门的主管提出了意见,结果被对方用"关你什么事?管得也太宽了!"给怼了回来,自此对服务业界灰了心。

我在自尊力的那一章中也曾提到过,服务人员应该做万能人,而不是给自己划定职务范围,只满足于在自己画地为牢的领域内工作是无法获得成长的。要积极设法让自己担任不同的工作圈,并且让这些圈与圈重合交叠,增加自己工作的广度与厚度、量感与质感。

案例22中的情形也是如此,帮助并非自己所负责的餐桌的客人点单没有错。餐厅工作人员的负责区域怎么划分,与来就餐的顾客无关。露天茶座里的所有员工都是整个大仓的服务人员。

错的是说"少干多余的事儿""管得太宽"的那一方。这种扭曲的集团意识很容易成为扰乱团队协作的诱因。在这里,我倒希望他们能有微笑着道一句"谢谢"的器量。服务人员需要的是一点宰相肚里能撑船的胸怀。不得不说,若想让年轻员工茁壮成长,职场前辈能有点容人之量的工作环境也是相当重要的。

32 如何营造相互支援的良好氛围？

◆ 重要的是及时汇报

在前面的案例中我们说过，对于代我们做了工作的后辈，职场前辈们应该心怀感激。就像对待顾客要有感恩的心一样，工作伙伴之间也时刻不忘心怀感激才能建立良好的团队协作。

把顾客放在第一位、以茶座的整体形象为先、积极付诸服务行动是值得嘉奖的表现。

当然，还有境界更高一个层次的服务人员能够更加善于顾及别人的感受，采取一些不仅不会被前辈斥为"管得太宽"，反而会收获谢意的方式方法。

那就是及时做一下汇报："刚才那边有顾客叫人，我看你忙得空不出手，就顺便帮客人把单点好了。后面就交给你啦！"这样一来，对方不会产生对抗的情绪，反而很高兴："这样啊，那谢谢了！"

没错，光有行动是不行的，对于加强职场的团队协作来说，及时准确地汇报你为团队所做的帮衬和支援是不可或缺的步骤。

◆ 注意说话的方式和场合

指出其他部门的服务存在可以改进的地方，常会被对方认为是"挑刺儿"或"找碴儿"。而一旦有了这种印象，无论你指出的内容多么切中肯綮，都再也无法让对方心悦诚服。所以先练就能够准确传达自己相帮之意的功夫是至关重要的。最好能够亲自动手帮忙，若是不便出手的工作就一定要注意选择不伤前辈颜面的说话方式和场合。

成功建立起团队相互支援的氛围和环境，对待客人的敏感度也会随之提升。持之以恒，整个店内空间都会浸润在良好的氛围里。

而且，对于服务人员来说，无论多么资深，拥有能够指出你工作不足之处的同僚和职场前辈，对你的成长来说都是弥足珍贵的一大幸事。

33 通往最佳服务的入口：带头搞卫生

◆ 保持厕所清洁的秘诀

每一个职场前辈在工作中都有着海量的亲身经历和体验。能够手把手把这些经验传授给后辈服务人员，对于提升聚合力来说也至关重要。

以我自身在山上酒店工作时的经验来说，要想让时刻维持所有设施干净整洁的意识根植于每个员工的潜意识里，我学到的最有效的办法是把所有厕所都打扫得一尘不染、光亮如新——无论是顾客用的，还是员工用的。

厕所一旦脏了的话，大家上厕所时就会不自觉地想尽量离污渍远一点，结果可想而知，脏污面积越来越大，陷入恶性循环。相反，如果你尝试彻彻底底搞一次卫生，从便池到地板、洗手池都打扫得干干净净，你会发现一个让人惊愕的结果——厕所反而会长时间保持清洁的状态。这样的心态会让打扫厕所都变得有趣。

我转职进入大仓酒店之后，也保留了这个习惯。每次去厕所我都会仔细检查每一个角落，如果遇到有烟头掉落之类的情况，就默默捡起来打扫干净。

如此一来自然而然地，酒店里哪儿掉了垃圾、哪儿坏了灯泡之类，哪怕只是偶然路过，我都会瞬间发现。只要看见垃圾立刻捡起来放在口袋里、过后找机会处理，这样的动作已经成为身体的自然反应。而且，并不是只有我一个人有这样的习惯，已故的野田岩次郎社长同样也是看见垃圾就会默默收拾打扫。直至今日我都坚持打扫厕所的行动，虽然我并不打算把这种意识强加给任何人，但我衷心希望能把这种意识传递给年轻后辈们，再由他们一代一代地传递下去。

不过要注意的是，意识的传承绝不能仅靠口头上说说而已，身体力行的示范不可或缺。

现代工作里充斥着太多的分工意识，也许你会自然地认为"打扫厕所不是我的工作"。但你是否同意——在整洁优美的环境中迎接顾客是通往最佳服务的入口呢？如果同意，那么身先士卒地搞好卫生就是关键动作。我坚信，能够做到全体员工都保有这种意识的话，任何酒店或商铺都会迎来发展的新境界。

◆ 或擦或装——一个魔法袋

为了在员工中强化这种意识，大仓酒店采取了一个配发"魔法袋"的举措。

所谓魔法袋，其实是回收再利用的布袋子。我想你一定也在酒店衣橱里看到过那种供顾客擦鞋用的小布袋吧？通常这种布袋用过就被废弃了，但在大仓，我们把用过的布袋收集起来洗干净后，给每一位员工都配发了一枚。做什么用呢？没错，顺手捡了垃圾可以装在里面，看到哪里脏了可以用它来擦，用脏了还可以随时再领取干净的。

有一次我给120多名员工训话的时候突然想看看到底有多少人随身携带了这样的魔法袋，于是突击提问："谁带了这个袋子，请举起来让我看看。"结果很让我失望，只有大约三分之一的人带了。看来，作为服务业界的前辈，我还有很多需要切实传承下去的课题啊！

专栏

待客的诀窍

*分享服务的喜悦

前些日子我在家里看电视，偶然看到一部关于某家超市的纪录片，详细介绍了这家超市通过深入分析商品和改变陈列方法等举措大幅提高营业额的经过。该纪录片给我留下了深刻的印象，里面的很多内容对于酒店业从业人员来说也可资借鉴。

据介绍，这家超市在改革之前的做法是从鱼市买入整条鲜鱼，在超市店内进行加工处理成成块或成段的鱼肉之后再进行售卖。不用说，从鱼市买入的时候当然是按照头尾、内脏都算在内的整鱼重量计算价格的。这部分的成本加上超市店内加工处理所需的人工费和超市的利润决定了鱼肉的售价。

针对这种整齐划一的传统销售方式，超市下了一番功夫进行改革。

首先从鱼肉产出量上入手，重新审视鱼肉加工处理的一般手法，研究出一套损耗更低、产出更多的加工办法。效果直观明了，每条鱼的加工后重量对比以前都有所增加。这可以说让宰鱼师傅得以一展所长。

然后是销售方式上的改革。以前的超市商品都以规格相同为佳，这家超市反其道而行之，有意强化了鱼肉大小不一、轻重各异的差异化色彩。

　　这一举措可以说是洞察了消费者的需求痛点——各自家庭构成不同，买鱼的量必然也不同，差异化的规格更适合消费者丰俭由人的选择。这一改革措施基于科学的数据分析——将顾客的消费动向输入电脑，再按照需要决定规格和数量。

　　超市还将附近街区的活动也加入数据之中，作为调整进货量的权重条件之一。数据表明，附近举办活动的时候订单量会相应增长、个人的平均购买量也较平时有所增加。

　　除此之外，在商品陈设等方面超市也花心思、费工夫研究，力求销售环节上的各个部门能够精诚团结、通力合作，减少联结损耗、降低沟通成本。这一切消费者都看在眼里，结果当然口碑广泛流传、业绩水涨船高。

　　在节目中，超市的一名工作人员恳切地说："对我们工作人员来讲，最大的鼓舞和激励不是领导下达的指令，而是顾客满意的笑脸。"

　　同样，酒店也要重视自己的员工，而且仅仅做到赏罚分明还远远不够。创造良好的职场环境，能给员工们的工作、生活乃至人生意义都带来正向反馈，能让员工的才能得以充分施展，这样的举措也非常关键。不仅要顾客高兴，也要员工高兴，并且提供给员工能够分享这份喜悦的职场环境是何等重要，这部纪录片成为我重新审视这个问题的契机。

聚合力 自检

1. 比起独自一人，更喜欢和大家一起工作。☐

2. 被职场后辈指出不足也能欣然接受。☐

3. 帮助弥补了别人的错误之后，能够选择合适的场合和方式做好通知和汇报。☐

4. 善于也乐于跟别人分享自己的工作经验和诀窍。☐

5. 比起钻研一途的专才，更想成为能力全面的通才。☐

第 6 章

信 息 力

建设全方位的信息网络

信 康

徳川全史並伝記岡本

34 通过参加比赛、培训等各种方式收集信息

案例 23

"我要参赛!"

我在酒店餐厅从事侍酒师的工作,听说最近有个比赛,是从各大酒店招募选手参加有关服务知识与实务的竞技。我也很想参赛,以便看看自己的技艺能在业界排到什么位置,结果被上司骂了回来:"少干那些没用的,把本职工作做好就得了!"

◆ 各种赛事的效用

通常来说,公司是没有办法为每一位服务人员提升自身素质、扩大信息储备铺好所有道路的。

但好在如今的时代,社会上五花八门的技能培训、资格考

试、竞技比赛层出不穷，不仅有面向酒店业的，面向酒吧、餐厅从业人员的也不在少数。

酒店方面应该大力支持和鼓励员工参与这些赛事，激发员工的挑战欲。作为上司，不仅不能像案例23中那样打压，而且应该积极帮助想参赛的员工调整轮休、安排日程。如果员工能在比赛中取得名次或者取得特定资格，都对他们建立自信有所裨益。要知道，赢得的荣誉不仅属于员工自己，同样属于他工作的酒店，为酒店带来的宣传效果不可小觑。

而且，员工既然有意挑战比赛或考试，自然就会有动力去学去练，光是这些学习和练习就会直接促进他的成长和提升。技能与职业培训也有助于拓展参与者在服务、商品等领域的知识面，对他今后的工作都会有所助益。

◆ 得到珍贵信息的机会

除此之外，我认为参加比赛或考试最难得的益处是能够亲眼看到在自己工作的酒店之外，服务人员都身怀什么样的绝技，这是极为珍贵的一手信息。

从各酒店、各部门遴选出的参赛选手身上可能藏着很多自己不具备、没掌握的独门秘技，与这些高手当面切磋，无异于一个让参赛者从认知到技艺都突飞猛进的绝佳机会。这么难得的经历、这么珍贵的机会,实在没理由放弃。我希望所有服务人员都能够积极参与其中,并且尽可能多地与别人交流、磨炼技艺、拓展人脉,让今日的拼搏成为明日精进的沃土。

35 收集信息之后是尽力扩散

◆ 欲人施于己者，必先施于人

如果参加技能竞赛或者资格考试的愿望成真，那么有一点务必牢记：参加这些赛事或考试的所见所闻，一定不能独占独享、缄口不言。

回到日常工作的职场后，应该利用休息之类的自由时间主动与同事们分享参赛、参考时的经验和信息。譬如留下深刻印象的其他酒店的绝活儿，譬如与其他参赛者交流得知的消息等，自己感受到的感动、震撼都应该毫无保留地传递给大家。

这些传递会直接或间接地促进整个职场的层次提升与意识革新。身处这样的职场、不断切磋琢磨，反过来又会助力自身的成长，这样的相乘效果最堪期许。

重要的是互利互惠的精神，借用《圣经》中的名言就是："欲人施于己者，必先施于人。"即便对待其他酒店也应如此。假设你是酒店饮品部门的服务人员，那你完全可以大方地告诉其他酒店的同业者："我们酒店现在正在推行××服务，在顾客中广受好评。"

总觉得分享信息就会被别人偷去市场份额，早点抛弃这样的小人之心吧！想成长为高层次的服务人才需要更大的格局和气概——你的优秀服务内容在越来越多的酒店获得成功，就是带动整个酒店业服务品质的提升，进而赢得更多的顾客、促进整个业界的繁荣。拓展酒店消费的大盘、做大业界整体的蛋糕，那么自家酒店能够分得的那一份也会跟着水涨船高。

本着这个宗旨，我同时注重加强两个维度上的关系维护——纵向维度上大仓系酒店间的联系，以及横向维度上大仓与其他酒店同行间的联结。目前，我在担任日本酒店经营学会代表干事的同时，还兼任 HRS（社团法人酒店/饭店服务技能协会）会长、BIA（社团法人日本婚庆事业振兴协会）理事、BMC（全国宴会管理者组织）常任顾问等职。虽说是兼任职务，但我与这些机构和组织都是从设立之初便一路同行；一枝独秀不是春，希望业界整体水平得到提升正是我担任这些兼职工作的初衷。

从其他酒店同行那里得到的信息无论是量还是质都是十分珍贵的，可以说是我资产的一部分。

36 拥有打一通电话就能拿到信息的人脉

案例 24

企划做不出来！

为了做商品企划，我不遗余力地阅读资料、收集信息，可总是做不出什么畅销的产品。我开始意识到：是不是有必要试试其他的方法论？

◆ 倾听公司之外的声音

纸上谈兵的企划不见得能够打造出爆款产品，服务业尤其如此。日常光顾酒店的人，是奔忙生活的普罗大众，是勤恳工作的商务人士，只有广开言路收集他们最真实的声音，做出的企划、推广的营销才能落地生根、枝繁叶茂。

我曾在大仓酒店内主持过一项开设高管沙龙的策划，开设目的主要是服务于到访日本的海外商界精英，希望能把大仓酒店变成他们在日本开展商务活动的前沿阵地。从策划之初开始，我就特别留心尽量全面听取各方意见。

而且相较于公司内部同事的意见，我尤其重视公司外部用户们的心声。需要什么服务形式、什么设施设备、多少人力人次等，我都是一有机会就积极征询用户意见，在此基础上仔细考量企划内容。可以说在这个过程中让我感触最深的是"人脉力"的重要——唯有经年累月诚心诚意地对待每一位顾客、每一位友人，才能换来今天大家对我的知无不言，言无不尽。

从这样的人脉网中获取信息，有时甚至能够一通电话成就一个营销项目。

远的不说，前几天就有一例。我接到另外一个城市的熟人打来的电话，他提到住在东京的朋友的儿子要结婚，正在找地方举办婚礼，就把我的电话给他们了。我一听，就赶紧提出由我打去电话的建议。征得同意后，我迅速拨通了事主的电话："恭喜恭喜！我从×××那里听说令郎即将结婚……"刚说到这里，对方略带惊讶地回应："哎呀这么快，你行动很迅速嘛！"我马上接道："我们一定全力以赴与府上紧密对接，避免发生任何纰漏，确保圆满实现府上的愿望和要求。万望您和家人能允许大仓酒店承办府上的这项盛事！"

就这样，一个电话促成了一件价值数百万日元的婚礼项目。

37 注意别让信息断流

◆ "趁热"处理

上面这样一通电话促成一个项目，过程顺畅得甚至让人怀疑会不会太过草率？其实，这就是信息的威力、人脉的威力。

但在动用信息及人脉的力量时，有一点要特别注意，那就是不能让信息断流。

比如在上文案例中，我在项目敲定之后立刻致电给提供信息的那位熟人，向他表示了谢意。即便项目没能争取到，也可以跟那位熟人求个情："您再帮忙给说说好话呗！"无论如何，立刻就向信息提供方反馈事情的进展，是最重要的动作。

案例中我没有等待对方来电，而是想办法争取到给对方打电话的机会，也是为了避免由于等待而拖长时间、错失机遇。信息断绝状态下的时间越长，丧失商业机会的风险越大。

由此可见，对销售和服务人员来讲，信息力不仅包含收集内容的能力，这种能够"趁热"处理的行动力也同样重要。

信息闭环

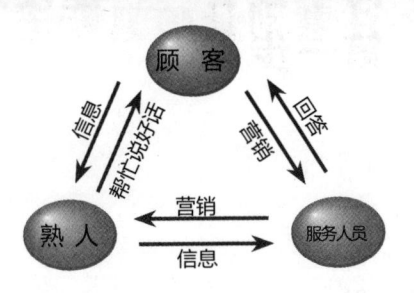

```
            顾 客
         ↗ ↙  ↖ ↘
      信息 帮忙说好话  回答 营销
       ↙              ↘
      熟 人  ← 营销 →  服务人员
             ← 信息 →
```

那么如何降低时间的损耗呢？关键在两个方面：主观上的姿态和客观上的体制。好在以手机为代表的现代通信手段发展迅猛，让我不仅能在工作时间活用这些机器设备，也能在外出或休息日时通过转接及时接收重要信息。这些沟通系统都为我们维系强大的信息力提供了有力的支持。

在这里，我要再次重申在避免信息断流这件事上多花些精力的重要性。要知道，联系不到人，就等于让利润从指缝中溜走。

38 同学聚会——建设人脉的第一步

◆ 呵护自己的人脉

对服务人员来说，信息力绝不仅指能够使用最新式的高科技器械、获取最前端信息的能力。用人情编织起人脉的网络，并且能够长久地用心经营、仔细呵护，这会发展成为任何高科技工具都无法比拟的强大的信息力、销售力。

这么说可能太抽象了，不如举一个我在大仓酒店实际经手过的案例。

案例25

1万日元的同学聚会

为了对抗经济不景气对酒店业的影响，我向酒店员工发出号令："从小学到高中、大学，各位都在校园里度

> 过了自己的学生时代吧。那为什么就没有人做在我们大仓开同学聚会的企划呢？今后我打算新设一个人均 1 万日元的同学会项目，大家都想办法把同学聚会开到大仓来吧！

◆ 别小看同学聚会的信息力

餐食、饮料、场地费全包，每人才 1 万日元，这个价格在大仓来说绝对是打破常规的优惠价。按照 1000 名员工每人能召集 40 名同学计算，4 亿日元的规模不容小觑。

说起来容易做起来难，真把同学会开到大仓来的寥寥无几。我左思右想不明就里，找来员工问道："你参加学校的同学聚会了吗？"出乎我的意料，很多人的回答是："最近没去了。"

"为什么不去？"我追问。"没收到邀请函……"听到这样的回答，我心里禁不住一阵惆怅。从这一点上也能窥见这些服务人员身上信息力的匮乏。有点常识的人都不难想见，规模或大或小——算上三五老友碰面小酌，兴之所至喊上一句"下次把大伙儿叫上好好聚一聚"之类的饭局——同学聚会这种东西一年之中总会开上一两次的。

最让我难过的是，为什么不能平素就积极参与策划这样的活动、与大家多走动、为大家出点力呢？

多主动承担聚会组织者、干事的工作，就多点向大家表达惦念的机会，这正是培养感情的信息互动啊。

能够多为这样的集会出力，自然而然就会导向"对了，他在大仓工作的嘛，找他问问能不能给同学聚会提供个会场"的结果。可以说，我让员工把同学会开到大仓来的举措里，也暗含着希望大家把小规模的同班聚会扩大成同级聚会、同校聚会的心愿。

待客的诀窍

＊桥本流信息整理术

对服务人员来说,信息力是不可或缺的核心能力之一。但如前所述,信息的种类繁多、数量巨大。

所以能为信息做好权重、整理,也是服务人员的必备技能。

我想大家也都有各自的信息整理办法,在这里,我想给大家介绍一下我的桥本流信息整理术。

先说好,我可不是鼓励所有人都照搬我的方法,请大家汲取要点、随机应变。

很多人都会使用便笺纸记录电话留言吧?我不仅记留言,接待客人时注意到的大事小情、报刊上读到的趣事趣闻、走在酒店里头脑里闪现的奇思妙想等,我会把所有这些都记录在手边的纸片上。

桌子上纸片很快堆积如山,从旁人眼光看来好像满桌的垃圾。

但别人眼中的垃圾山对我来说可是金山银山都不换的宝藏。我会严厉禁止秘书帮我收拾或清理这些字条。

工作太忙，很难定期抽出时间整理信息。

所以我会见缝插针地找时间抓过这些字条，该打电话说明的信息就打电话，该写信的就写信，该调查的就调查一番写进手账里以便保存。

最后，处理完的字条丢进垃圾桶，圆满收官。

有时候字条的量实在太多一时处理不完，我会把那些可以延后处理的部分留出来，在休息日的时候再加班整理。

(39) 志愿者精神成就信息力

◆ 做过组织同学聚会的干事吗？

我为什么要如此执着于同学聚会呢？因为我认为，同学聚会包含了几乎所有提升酒店服务人员素质的关键要素。

作为同学聚会的干事，若要聚会取得成功，莫说给自己捞点好处的念头不能有，甚至得有一点"我要让老朋友们玩个痛快"的付出精神才行。

而这也正好符合服务人员以顾客满意为第一要义的铁律。从发邀请函开始，确认出席人数、准备餐食饮料、安排集体照……开动脑筋琢磨设计什么节目才能让同学们的久别重逢更动人、更欢乐，这些心思就是服务精神的雏形。

也就是说，张口就拿"我没收到过聚会的邀请函，不知道同学们的联络方式"当借口，就是欠缺付出精神、欠缺服务人员基本精神的铁证。

身体力行，我主动承担了六个同学会的干事工作，多次在大仓酒店举办聚会。因为小时候转过学，所以小学我有三所母校，再加上初中、高中和大学同学会的东京支部等，每次来参加聚会的都是我人生各个阶段曾经最为熟悉的面孔。

都是吃着一锅饭长大的朋友，跟他们说话就没必要绷着了："喂，要拍集体照啦，都分开点站，别挨得太近。这样拍出来的随时都能截出来给你们当遗照。"听得老朋友们一齐哈哈大笑道："这家伙真是一点没变啊！"

做干事就全心全意、不计得失，结果却是意外之喜——居然给销售业绩添色不少。

而且，同学会成员把孩子们的婚礼定在大仓，或是来住上一晚两晚的机会也多了起来。甚至有好多老家的同学听说我在东京工作，特地组团跑来大仓捧场的。

应该说，志愿者精神是一种信息力，而这种力量背后的驱动力，是与"欲人施于己者，必先施于人"相通的理念，是一颗俯首甘为孺子牛的奉献之心。

信息力 自检

1 休息日和人见面的机会比较多。 ☐

2 有意愿积极参加竞赛、培训、各类跨业界研讨会、有组织的研修会等活动。 ☐

3 经常被人称赞"会照顾人"。 ☐

4 一通电话就能为你提供信息的渠道在10人以上。 ☐

5 与同窗一直保持联络。 ☐

第 7 章

判 断 力

让投诉成为机遇的能力

第 7 章 | 判断力

40 认清谁才是那个应该下判断的人

案例 26

> **"这价格贵得离谱！"**
> 有一次，我在酒店餐厅服务一桌客人，途中我询问客人有没有什么问题，客人突然提出："就这个味道、这个分量，价格实在贵得离谱了吧！"我一时不知该如何作答，只得先赔礼道歉。客人回了一句："知错就好。"事情虽然就这么过去了，但我心里越想越不是滋味。

◆ 遇事先道歉是正确的做法吗？

如果是提供的餐食或饮品出现异常、混入了异物等情况，那么提供服务的一方确实应该二话不说先承认错误、诚恳道歉，然后立刻更换新品。但如果是案例 26 中这类针对分量、口味等方面的投诉，不管三七二十一先道歉了事的姿态和判断是服务人员的重大失误。

如果收到投诉的服务人员没有处理同类问题的权限,那问题就更严重了。万一顾客不满足于赔礼道歉、进一步要求免单甚或赔偿,服务人员又打算如何处置呢?

首先要明确的是,遇到这种纠纷要立刻报告领班或店长。领班和店长就是为应对这些状况而存在的。报告给他们就是把一锤定音的决定权交到他们的手上。

得到报告的店长或者领班应该仔细听取顾客投诉的准确内容后提出解决问题的建议和选项,例如是否与厨师长协商给顾客更换其他菜码等,确保顾客同意、满意后再用餐。

但不可否认的是,也确实偶尔会有个别有投诉癖的顾客。比如有客人点了五分熟的牛排,吃着吃着突然抱怨说:"这牛排是全熟的!"可我们打算确认一下牛排火候的时候却发现,整盘牛排基本上都被吃光了……

41　认真审视服务的内容

◆ 理解餐饮的定价机制

案例 26 的另一个问题在于服务人员一听到顾客抱怨价格贵就慌神的内心。

慌神就说明他对自己提供的餐食和饮品并没有绝对的信心。

前文中我们说过，服务人员要做万能人。为什么？就是因为这是对服务内容作出正确判断的基础。万能人自然了解待客应有的态度、同时也了解餐食饮品价格的决定要素。

决定一盘菜售价的要素包括材料费、厨师的人工费、服务员的人工费、场地费、杯盘碗盏等用具的经费、盐糖等耗材的经费，以及适当的利润。

◆ 中华炒面的价格设定

例如酒店的中餐厅内，一份中华炒面的售价是 1800 日元。

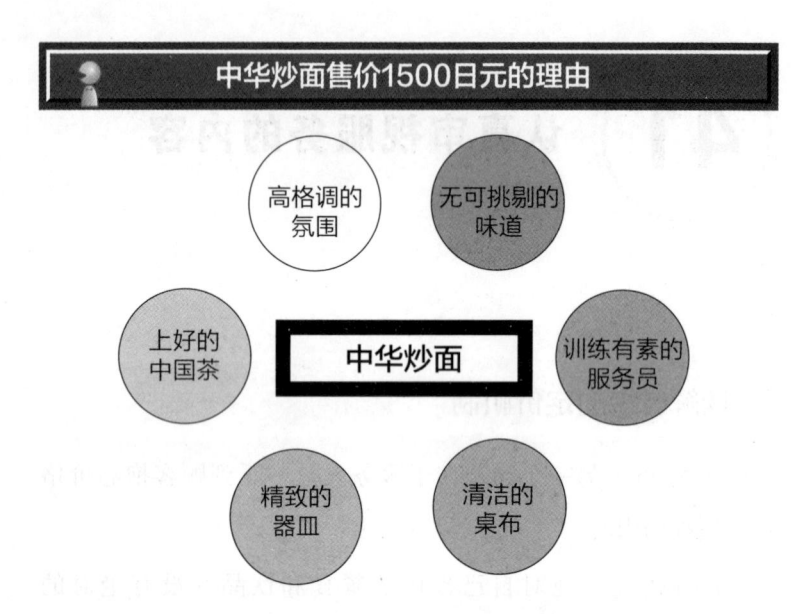

中华炒面售价1500日元的理由

- 高格调的氛围
- 无可挑剔的味道
- 上好的中国茶
- **中华炒面**
- 训练有素的服务员
- 精致的器皿
- 清洁的桌布

那么如果有顾客抱怨价格贵,店内的服务人员应该怎么想呢?

如今这个时代,即便去那种连水都得自己倒的街头拉面店,一碗拉面至少也要 600 日元。对自家拉面的味道有信心的店铺定价在 1000 日元上下也不是什么稀罕事。

与之相比,酒店的格调更高、氛围更好,彬彬有礼的侍应生递来擦手毛巾、奉上上好的中国茶、用精致的托盘端出摆盘精美的中华炒面。

当然,入口也是无可挑剔的正宗味道。

服务人员训练有素,总能在顾客的杯子将空之前续水添茶。

这种级别的服务在一般的拉面店里是绝对享受不到的。

所以面对嫌贵的顾客，服务人员完全可以自信地回应："价格可能确实比街头拉面店贵上一些，但我们确保提供给您物有所值的口味与服务。"

每道菜品的价格都包含了这样的规律和内容。

顾客不能理解这种价值的话，服务本身就无法成立。

理解了价格设定的基本结构，服务人员自然能够自信地料理菜肴、自信地提供服务。

当然，也有一些奉行无需高附加价值服务、只要味道好就是王道的顾客，只能说，对于这样唯味道论的顾客，我们只好请他们选择持相同理念的拉面店去用餐。

◆ 无视价格设定规律的胡作非为

名古屋有一家酒店曾推出过一项令人瞠目结舌的举措：让顾客自己决定价格。

简单地说，就是让顾客先用餐，满意之后顾客按照自己觉得"值"的价格付钱。这可真是闻所未闻的奇举，一时引得饮食业界一片哗然。

不过要让我说的话，对不起，这根本就是无视价格设定的客观规律的胡作非为。食材购入渠道的甄别、厨师及服务员的努力和评价等都完全无法正确地反映到定价之中，这与"对自己提供的服务充满信心"是彻底地背道而驰。

结果也是惨淡收场，不仅该酒店自食了价格战的恶果，甚至还殃及其他饮食店。一个荒诞的想法酿成一出闹剧。

从某种意义上说，这与案例 26 中被投诉就道歉的处理方法有异曲同工之妙。

42 熟知自家店里的味道

◆ 练就吃得出区别的舌头

想要建立对自家店里餐饮和服务的信心，首先要让自己的舌头记住店里的基准味道。

厨师的调味，也会因每天身体状况的不同略有区别。而侍应生等服务人员不能觉得"味道嘛，那是厨师的管辖范围"，就事不关己高高挂起。时刻留意店里餐饮的味道没有发生异常，也是成为一流服务人员必备的能力。

以我本人为例，直到现在我还保留着每天找时间去酒店内的各个餐厅转转的习惯。到了日料餐厅我一定会舀一勺米饭亲口尝一尝。如果口感或者味道不能让我满意，当即命令厨房重做也是常事。

当然，厨房负责人作为餐饮方面的专家有自己的尊严和自信，年轻的服务人员想要说服他们重做并不是件容易的事。我年轻那会儿也经常和厨房负责人争得面红耳赤。

服务人员的主张如果是很感情用事地跟着感觉走，那肯定无法说服厨师。所以必须事先用自己的舌头仔细品鉴过店里餐饮的基准味道。同时，多去其他饭店"逛吃"，比较一下与自己工作的餐厅的口味有什么区别也是很重要的。

要让这样的习惯成为一种身体记忆，哪怕是和女朋友约会吃饭的时候，也会自动地调动起自己的五感去分析那家饭店的口味。

凭借这样锤炼出来的有尝味道能力的舌头，才能说服厨师。

另外，提供服务的一方，不能对自己店里的味道怀有任何不满或不安。只有这样，被顾客抱怨、投诉的时候才能作出正确的回应。再给大家介绍一个我自己的亲身经历。

案例 27

"鸡汤寡淡无味！"

有一天，我听到有位常来光顾的熟客投诉说餐厅里用鸡汤汤底做的汤品"寡淡无味"！

◆ 彻底调查"寡淡无味"的原因

不是夸口，凡是鸡汤汤底做的汤品，我差不多尝了个遍，对我们大仓酒店的鸡汤汤底的基准味道是有着绝对的自信的，所以觉得这个投诉的内容很有些蹊跷。因为这份"坚决不能让别人说我家汤难喝"的自负，顾客的投诉让我深感如芒刺背、坐立难安。

于是我责令相关人员调查详情的同时，迅速从餐厅取了一份汤品亲口尝了尝。没错，汤品与平时一样美味无比，绝对没有"寡淡无味"这回事啊？

调查结果出来后我才得知，原来问题出在撒在汤里的青菜碎上。为保证清洁，青菜剁碎之后又经过反复水洗，但在加入汤里之前没有沥干水分，导致汤底不够浓稠、味道变得寡淡。

得出结论后我们立刻向顾客郑重道歉，并与厨房负责人一道重新构筑了相应的确认体制，确保不会再犯同样的错误。

专栏

待客的诀窍

*尊重顾客的喜好

自信地提供服务很重要，另一方面，对顾客嗜好的充分尊重也是让顾客感动的源泉。

譬如对于餐厅奉为圭臬的口味和分量的基准，顾客的评价和好恶各有不同是很正常的。

很可能店里觉得完美的食物，顾客会说"我更喜欢淡一点的味道"，甚至会被要求"我爱吃辣，汤里给我加点塔巴斯科辣酱油"。

如果这种时候用一句"我们店里的菜品就是这个味道"拒绝顾客，那就是服务人员不懂事了。即便确定菜品百分之百符合店里的味道基准，只要顾客不爱吃、想改变调味，那么毫不犹豫地满足顾客的愿望，这样的服务人员才算得上一流的服务人才。

进而记住顾客提出的个人偏好，待到下次顾客再来店里，点餐时一个小小的建议："我记得您爱吃辣，店里的这款×××您要不要试试?"让顾客知道你把他的话放在心上了，会带给顾客特别的喜悦和感动。

另外，有很多女性顾客会觉得正常规格的分量太大，要求减半，对于这种半份餐食要特别注意认真对待，和厨师商量好摆盘方式等，避免餐食看上去显得穷酸不美观。

正因为只有半份，更要在摆盘、装饰上下功夫。这样的话不是收取半价，而是收取七成左右的价格也可以问心无愧。顾客如果可以享用适量的餐饮、达到应有的心理预期，对金额也就不会产生不满。

43 卖点应该是产品自身过硬的品质

案例 28

被顾客怼了……

公司出台了新的销售推广计划,每个人都被分配了必须达成的任务配额。我赶紧着手向顾客推销,结果被顾客一句话怼了回来:"我没有帮你完成配额的义务。"是不是我的推销方式不对?

◆ 别总想着靠关系、托人情

我也有过类似的经历。

我有一位叔父,是一家大企业的董事长。有一次,为了提升大仓酒店的销售业绩,我跑去叔父的企业求他:"给我们酒店一个机会呗!"其实我知道叔父的企业有自己的签约酒店,我的请求不太正当,但因为有亲戚这层关系在,我就想走走后门。

结果叔父义正词严地回绝了我的请求:"就因为是自己侄子求我,我就什么都要应承吗?没有那个道理!你们酒店又没有给我开工资。"

但叔父又教导我说:"如果你能拿出一些具体提案,证明你们酒店有什么我们现在的签约酒店没有的服务和优惠,我倒是可以考虑。"

这一当头棒喝真是让我茅塞顿开:原来工作是这样做的!于是我立即重整旗鼓、调整战略,这次我用提案说话。

像案例 28 中这样让顾客闻到任务配额的硝烟味的营销方式,很容易使顾客感到不悦。

不得不说这确实是对销售方式的判断失误。虽说公司下达了严苛的任务,但是你在向顾客推销的时候也要从其他角度来表达。

正确的方式是具体而全面地介绍该产品的优点和长处、区别于其他产品的特性、优惠力度、能够带给顾客的益处,等等。如果顾客可以深入了解产品特性,即便知道你是出于完成任务的压力,顾客也会更加乐于接受服务。

44 动用人脉做销售的意外陷阱

◆ 你的推销方式符合"礼节"吗?

还有一种和前文案例类似的情形——为了完成任务配额很想多找人推销试试,但就是与对方搭不上线、说不上话。

哪怕自己再怎么仔细研究产品的优点,若连见面说话的机会都没有的话,想发挥营销手腕也没有机会。

这种时候很多人会采取一些"曲线救国"的方法,譬如找到对方人脉中交情深厚、有影响力的人物,请他们通过各种形式出面推荐、争取机会。

我也遇到过跑到我这里来,请求我介绍酒店业同行给他们认识的保险推销员。

其中,甚至有人会直接表示:"您要是能帮我牵线搭桥那就太感谢了!"

而我的原则是:对于类似请求,坚决不予应承。同样,我也坚决禁止大仓酒店的销售人员使用相同的推销手段。因为一旦牵扯其中的产品发生任何问题，中介方的社会信任度会遭受池鱼之殃。

问题不在于是出于善意还是恶意，方法本身在礼节上就欠妥当。

◆ 正确判断是否在给别人添麻烦

但在对话过程中，为了缩短与对方的距离、迅速建立信赖关系，偶尔提及一些有影响力的共同的熟人，让对方能对自己和自己宣传的产品产生兴趣的做法并无不可。但前提同样是对话的内容不能对你所提及的人物的形象、公信力等造成任何损害。

还以我自身的经历举例。我也曾在一些销售人员的口中听说他与某某人是某某关系，于是暂且应允："哦，既然这样，那我先听听他的介绍再做考虑。"

这可以说是一种积极驱使人脉力的营销手段，无可厚非；但是不能信口开河、胡乱攀附。要时刻注意正确判断是否在给别人添麻烦，营销活动是否恪守礼节。

45 偷师自己尊敬之人的过人之处

案例 29

你能不能机灵一点……

上司训我说:"你机灵一点啊,做工作要手疾眼快!"确实,我也觉得自己缺乏判断力,需要下判断的时候总是茫然无措、无所适从。有没有提升判断力的方法呢?

◆ 从模仿开始

常常有人问我这样的问题:我明明已经全力以赴了,为什么还是无法快速下判断呢?或是总是判断失误呢?

有这样困扰的服务人员只要留心观察身边的职场,找到一个你认为素来工作出色、值得尊敬的职场前辈,用心模仿他的服务就好了。仔细琢磨他的思考方式、再将其转化为自己的判断基准。其实并不限于职场前辈,父母也好、朋友也罢,只要是自己尊敬的人物即可。把他们判断的方向性用作自己行动的参考。

有一位艺名叫炸薯饼的艺人，绝活儿是模仿别人。我曾听他说起模仿的诀窍，首先要仔细观察模仿对象。仔细到什么程度呢？每次只观察一个点——观察嘴就只看嘴、观察眼神就只看眼神，然后反复练习到与模仿对象一模一样。我听后颇以为然。我自己就常常在需要下判断的时候具体地想到某一位让人尊敬的人物，想象着"如果是他的话，一定会这么说"，作为自己判断的参考。这里说的人物就是我在小学时的恩师伊藤龙夫先生、已故的山上酒店吉田俊男社长和大仓酒店野田岩次郎社长。这三位就是我人生的指路明灯。

每天早晨在神龛前祈祷祝颂时，我都会与他们神交一番。"吉田先生，那时您教我的这一点，今天我打算在给大家训话时这样转述试试"，或者"野田先生，是应该这样判断没错吧"，诸如此类。

每个人都有长处，尤其能干的服务人员都有自己独特的决断力。不仅如此，很多人还有着独特的服务方式和动作、独特的习惯和节奏。我们应该全面吸收这些优秀的要素，吸收得多了，总有一天能够形成属于我们自己的方式。

判断力 自检

1. 即便被投诉，也会仔细甄别内容，而不是一股脑儿认错了事。☐

2. 被投诉"价格太贵"的时候，能够简洁有力地说明价格的正当性。☐

3. 熟知自家店铺的基准味道。☐

4. 能够随机应变地应对顾客的个人偏好并记在心里，应用于日后的工作之中。☐

5. 拥有自己尊敬的职场前辈。☐

第 8 章

行 动 力

让感动具象化的秘诀

46 在心里画上一个问号

案例 30

没有企划灵感?

公司要求一线的服务人员也要做新企划的提案。我开动脑筋想了半天,什么也没想出来,真是苦恼。有什么能够激发灵感呢?

◆ 对所有事物都保持好奇心

如果认为"我就是一个侍应生而已,设计新企划什么的都与我无关",抱着这样的心态是无法成长为一流的服务人才的。

其实,服务一线的现场遍地都是企划的灵感,就看你有没有识珠的慧眼。你不经意间一次让顾客颇为感动的服务、顾客无意中流露的"有这项服务就好了"的不满或期许,都能成为一个大卖企划的原点。把这样的灵感做成企划、做成项目、付诸实践与推广、换来更多顾客满意的笑脸,对于服务人员来说没有比这更幸运的事了。

想要做到这一点,就一定要一边努力做好日常工作,一边学习新东西、为自己充电。为自己充电听上去好像很难,其实用桥本流来说就是对所有见过的、听过的、摸过的、吃过的东西都在心里画上一个问号。这里的画个问号可不是让你怀疑一切、否定一切的意思,而是要让你练就一双探究感动的本质的慧眼:我的那项服务,为什么会令顾客高兴?为什么顾客会因我一句简单的话语而喜悦?那家饭店的米饭为什么会那么好吃?……这些画在心头的问号,会让你渐渐看清事物的本质、服务的本质。

我一向认为,服务人员最好是那种好奇心旺盛、对什么都饶有兴趣、略显多事的性格。心头带着问号的服务人员,看到顾客对自己的服务表现出不悦的样子,会从本质上探究引发不悦的原因,直至得出正确的结论、修正自己的行为。这样一来,缺点自然而然就会得到纠正。

企划的立案也是一个道理。想不出新企划的点子的人,说他没有尽到一个服务人员应尽的职责也不为过。如果只能按照公司规定的工作手册像个机器人一样提供服务、从未有过任何关于"为什么"的思索,谈何发现服务的乐趣与感动?

47 将问号变成企划的行动力

◆ 不懂就问

一旦心里有了疑问,接下来自然会产生求知、求解的欲求。换句话说,为了满足自己的好奇心,肯定会开展实际调查。

而好奇心得到满足时,也一定会生出"啊,原来是这么回事""哟,这样很方便嘛""哦,是这样啊,怪不得这么好吃"这样恍然大悟后的激动和感动。

在这里最重要的是准确把握这份激动与感动的深层理由,用理论武装自己。可以请教职场前辈,也可以自己查找参考文献。

而最快捷的办法是咨询该领域的专家。

我向来奉行"懂我所不懂、能我所不能者,皆可为师"的宗旨,遇到不懂的难题就登门求教。

再把学来的知识活用到酒店的新企划之中。

把问号变成企划

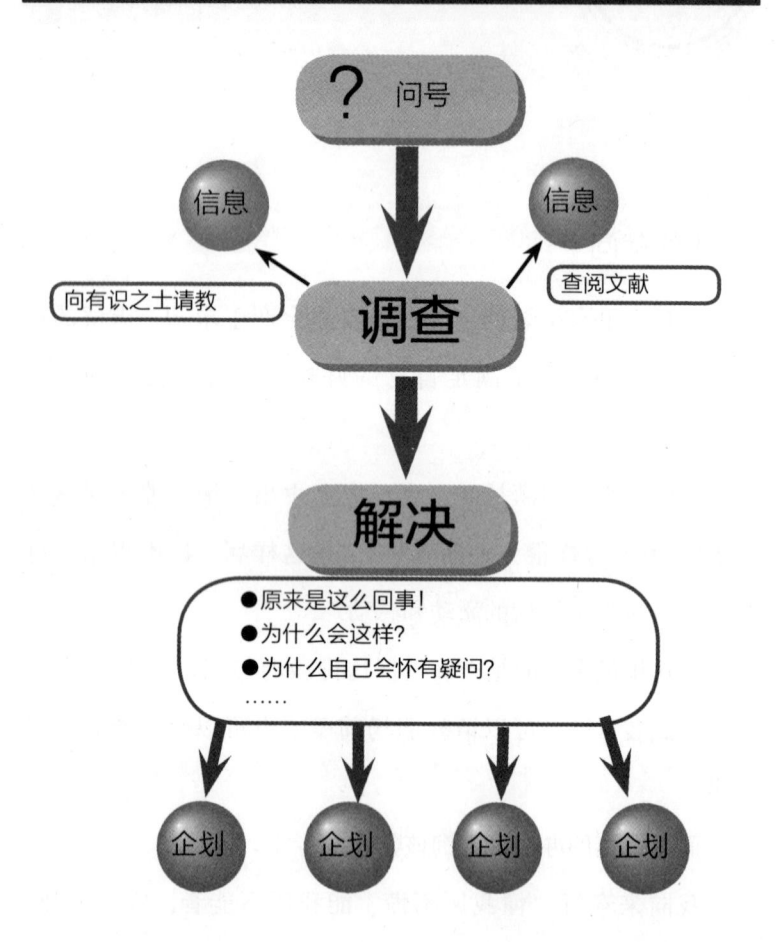

```
        ? 问号
         ↓
信息 ←  调查  → 信息
向有识之士请教      查阅文献
         ↓
        解决
```

- 原来是这么回事！
- 为什么会这样？
- 为什么自己会怀有疑问？
 ……

↓ ↓ ↓ ↓
企划 企划 企划 企划

例如我在杂志上读到健康将成为今后的关键词，就禁不住在心里画上了一个问号：那么从健康的角度看，大仓酒店为顾客制定的菜单是否合理呢？为了给这个问号寻找答案，我拜访了这方面的权威、女子营养大学的香川绫校长。最后，我不仅向香川校长咨询了所有大仓酒店提供的餐饮服务的营养问题，还成功签下了校长的高徒，聘为大仓的营养专家。

不过，也别把画问号这件事想得太窄了，没必要件件都和工作挂钩。

◆ 问号的答案在你意想不到的地方

我天生容易出汗，夏季走在户外必须把西装外套脱下来才行。但西装搭在手上总免不了会弄出很多皱褶，到了客户那里把这样的西装穿在身上实在是不雅观。

于是我又在心里画上了"西装怎么拿才不起皱褶"的问号。机缘巧合，我在一个客户那里遇到了一位英国绅士。

西装的文化几乎可以等同于英国文化了，想讨教这种学问，英国人不就是最好的老师吗？我抓住机会问出了这个困扰自己多年的问题，结果一招中的。那位英国绅士热情地告诉我："哦，桥本先生，您要先这样拎住领子，再像缠在手臂上一样这么一弄,就不会起褶皱啦!"不仅如此,他还教我:"如果要放进包里边的话呢,要先把肩部的缝合线对齐,再这样折好……"就这样,我还顺道收获了一个将西装放进包里都不会起褶的方法。英国友人的一席话帮我解锁了一项出差2—3天只需一件西装的新技能。

  酒店业等从事服务行业的人通过接待、服务等机会经常能够接触到各个领域的专家能手。

  这些都是解决疑问的机会,千万善加利用。不要白白浪费。

48 学来的知识还要注意消化吸收

案例 31

顾客数量不见增长

我们店里扩建了新设施,但开始营业之后到访的顾客却不见涨。已经做过大力宣传了,服务内容也是按专家的指导一一照办的。现在我们非常苦恼,不知道该不该改进服务内容。

◆ 给晨间操加上一抹性感的色彩

NHK 有一档超长寿的电视节目,估计年轻的商务人士不太会看,就是每天早上 5 点 20 分播放的"电视晨间操"。

28 年来,一直在节目中担任教练的青山利彦先生,每天早上都用他朝气蓬勃的声音带领大家一起运动,直到 1999 年春天退休。

青山教练也是我意识到健康将成为时代关键词后去咨询意见的专家之一。大仓酒店健身俱乐部的训练项目单的制定、教授健身操的女性教练人选等等，都是请来青山教练为我们做指导。

对于健身操的内容我是门外汉，跟着青山教练学了不少东西。但我没有止步于照搬照抄，而是反复掂量琢磨以后，决定在不改变内容的前提下，略微给健身操加上一抹性感的色彩。

当时来大仓酒店练习健身操的顾客，以注重健康的中老年男性居多。如果我们也采用与NHK电视节目一样的运动会风格，总穿着肥大运动服的健身教练，就实在太没有特色了。于是我们要求大仓的女性教练务必细心梳理、妆容精致，最大限度地展示出她们健康美。这一举措广受好评。

从这个例子中也可以看到，只知道照搬专家的知识是不行的。为尽可能地提高顾客满意度，对学来的知识进行消化吸收、添改润色是实际工作中不可或缺的环节。

◆ NHK也穿上了紧身体操服

我把大仓酒店新举措的成果汇报给了青山先生："教练，一大清早就起来跟着电视节目做晨间操的，应该绝大多数都是老年男性。考虑到这个群体的话,三位身穿肥大运动服的女性他们可不爱看哦!"好吧,我承认,向 NHK 提案紧身体操服的人就是我。

很快,青山教练就把电视节目中的三位女教练的演出服换成了紧身体操服。这是 15 年前的事了,一向被称为"老封建"的 NHK 能从一大清早便开始播放身着紧身体操服的女性形象,这在当时可以算得上划时代的事件。

我不知道这一举措对提高收视率奏效与否,但既然这个节目直到今日还在播放,至少说明导入紧身体操服并不是个错误。

专栏

待客的诀窍

*藏在职场中的点滴感动

　　前文中我们说过，保持好奇心会发展为制造感动的能力。不仅是想不出新企划的人，所有与服务业相关的人都不该失去这宝贵的好奇心。

　　现在请大家再次环顾你正工作的酒店、饭店，仔细观察室内陈设、烹饪用具、杯盘碗盏直至一刀一叉。我想你一定能够发现以前从未发现过的问号。

　　有一次，我曾把大仓的职员们带到一间客房的衣橱前，让他们思考衣橱的意义。

　　单单一个衣橱，也能有各种各样的发现。比如说，衣橱的高度和宽度是按照什么基准设计的呢？

　　最近有些酒店会在衣橱的底部设置物品收纳盒，或者为了尽量增加客房的面积故意把衣橱做得很小。但大仓不同，大仓酒店的衣橱又高又宽，空间特别大。

　　大仓酒店设计衣橱的基准是让和服展开挂放也不会碰到橱

壁。这份空间上的充裕，是以京都俵屋①为代表的老字号传统日式旅馆都恪守至今的规矩。

也许对于外国顾客来说，这空间与他们没有多大关系，但对于以提供日本文化体验为宗旨与理念的大仓来说，是不能让步的基准之一。

当然了，也不能为了确保衣橱的规格就压缩入口、门廊或者客房内的空间。

一间衣橱也许只有10厘米的差别，但为了确保这10厘米的空间，我们必须加大客房整体的宽度。几百个房间加在一起，就是一个不容小觑的数字。用现在大仓酒店的客房配置来算的话，每个衣橱多留10厘米，一层楼就多出5米的宽度。

可别小看这5米。这可是寸土寸金地界的5米。

单从设施管理的这一点，就能营造出高级感上的差别。小小一个衣橱就有这么多可堪深挖的东西，现在你相信了吧？

---

① 俵屋，京都知名传统日式旅馆，18世纪初创建，与另外两家顶级日式旅馆柊屋、炭屋合称为"京都御三家"。

49 扛起反潮流的大旗

案例32

做别人没做过的新企划

我在企划会议上提出一个提案:"目前其他酒店都在竞相推出一些酬宾巨惠的活动,有的'女士专享'优惠还附赠睡衣可以带回家。我们酒店是不是也应该赶上潮流做一些类似的企划?"结果被领导痛批道:"就不能做点别人没做过的新东西吗!"

◆ 对抗红酒热

不能否认,抓对顾客心理催生出的消费潮流,任哪家酒店也不能全然置之不理。紧随其后满足消费者预期也不失为方法之一。

但是,追随者永远只能是追随者。想要带给顾客别样的感动，需要有一些扛起反潮流大旗的勇气。

目前我正在挑战的企划，就有一点这个意思——面对如日中天的红酒热，我却想让大家了解日本酒醇美的外在与深厚的内涵。

我的这项企划，也源于画在心头的一个问号。

众所周知，这几年红酒热席卷日本酒类市场，无论是昂贵的高级红酒，还是被称为"新世界红酒"的澳大利亚产或智利产的低价位红酒，在销售量上都呈现火箭式增长。

而大仓酒店也早在日本红酒市场的萌芽期就开始涉足了。已故的饮品负责人桑山为男氏曾亲赴红酒故乡法国的酒庄学习，大仓酒店绝对是日本最早开始研究红酒文化的酒店之一。

但是看到物以稀为贵的法国罗曼尼康帝红酒动辄就要一瓶数十万日元的价格，我生出这样一个疑问：物以稀为贵，就只有罗曼尼康帝才有这样的高稀缺价值吗？为了解开这一困惑，我开始自己动手调查。这一查才知道，原来日本各地的酒窖里也有很多根本不公开销售的"传说中的神酒"。

既然都是传说中的神酒，那就应该也有日本酒的机会。而且推荐作为日本文化代表之一的日本酒，这与大仓的哲学也不相悖。正因为现在是红酒热，才更有挑战的价值嘛！——这样一个念头悄悄从我心底里冒了出来。

50 开发新的服务带给我新的感动

◆ 让大仓酒店重振日本酒文化之风

既然要扛起反潮流的大旗,同时还得是体现日本文化的内容,这可就需要缜密地做好事前准备工作了。

我立即着手调查数以千计的日本酒厂中还有哪些仍在生产高稀缺价值的日本酒,所幸从日本名门酒会的饭田博会长和21世纪地域构想研究会的石川宏代表那里得到了这方面的有力信息。我上报了企划主旨,并开始筹办研习会。

研习会带给我无数未曾有过的感动。日本酒的醇厚与清冽,以及酿酒工人们的纯粹与真挚……

我本以为自己已经算是接触日本酒比较多的人了,但真到了汇集全国名酒的品评会上,尝到那些拿过金奖、评价极高的日本酒之后,才知道它们与市面上的酒真的有着天壤之别。浅啜一小口,洞开新天地,这些日本酒的口味之醇厚、层次之丰富都超出了我的认知。

当然，研习会的内容可不光是喝酒，有关酿酒的工序、讲究等都在涉猎的范围之内。

日本酒的原料是米、水和酒曲。适合酿酒的米有"山田锦""美山锦"等品种，它们有一个特殊名称叫作"酒造好适米"。比起餐桌上常见的食用米来说，酒造好适米的米粒要大上许多。想要酿出上等好酒，每个米粒都要被磨掉一半以上。

磨掉米粒外层的淀粉，才能酿出没有杂味、明澈清爽的味道。如果把被磨去外层的米粒放到放大镜下，看起来就像一粒一粒的珍珠，美得让人心醉。这样的米再加上日本大地上流淌的清澈河水，共同孕育出口味醇厚、层次丰富的日本酒。说它是根植日本风土的饮品，绝对当之无愧。

"日本酒有着完全不亚于红酒的另一番天地。何不引领顾客走进这片新天地呢？"

有了文化背景作为加持，我对产品更加充满信心，接下来就看如何推进销售了。在详细的市场调研之后，我们决定在今年秋季开设主打日本酒的酒吧——"国风"。

希望能像它的名字一样，从大仓酒店开始，刮起一场醇香的日本酒文化之风。直至今日我也没有停下研习的脚步，因为这样的研习充满乐趣。我相信，在国风工作的服务人员，也一定会遇到前所未有的快乐与感动。

行动力 自检

1. 有疑问就竭力探索，找不到答案不肯罢休。 ☐

2. 能够营造和维系有好的想法立即就能付诸实践的环境。 ☐

3. 喜欢做能让别人高兴的事。 ☐

4. 能够阐明自己与他人不同的观点、意见，并获得赞同。 ☐

5. 有自己热衷的兴趣爱好。 ☐

关于"服务的细节丛书"介绍：

东方出版社从 2012 年开始关注餐饮、零售、酒店业等服务行业的升级转型，为此从日本陆续引进了一套"服务的细节"丛书，是东方出版社"双百工程"出版战略之一，专门为中国服务业产业升级、转型提供思想武器。

所谓"双百工程"，是指东方出版社计划用 5 年时间，陆续从日本引进并出版在制造行业独领风骚、服务业有口皆碑的系列书籍各 100 种，以服务中国的经济转型升级。我们命名为"精益制造"和"服务的细节"两大系列。

我们的出版愿景："通过东方出版社'双百工程'的陆续出版，哪怕我们学到日本经验的一半，中国产业实力都会大大增强！"

到目前为止"服务的细节"系列已经出版 130 本，涵盖零售业、餐饮业、酒店业、医疗服务业、服装业等。

更多酒店业书籍请扫二维码

了解餐饮业书籍请扫二维码

了解零售业书籍请扫二维码

"服务的细节" 系列

书 名	ISBN	定价
服务的细节：卖得好的陈列	978-7-5060-4248-2	26元
服务的细节：为何顾客会在店里生气	978-7-5060-4249-9	26元
服务的细节：完全餐饮店	978-7-5060-4270-3	32元
服务的细节：完全商品陈列115例	978-7-5060-4302-1	30元
服务的细节：让顾客爱上店铺1——东急手创馆	978-7-5060-4408-0	29元
服务的细节：如何让顾客的不满产生利润	978-7-5060-4620-6	29元
服务的细节：新川服务圣经	978-7-5060-4613-8	23元
服务的细节：让顾客爱上店铺2——三宅一生	978-7-5060-4888-0	28元
服务的细节009：摸过顾客的脚，才能卖对鞋	978-7-5060-6494-1	22元
服务的细节010：繁荣店的问卷调查术	978-7-5060-6580-1	26元
服务的细节011：菜鸟餐饮店30天繁荣记	978-7-5060-6593-1	28元
服务的细节012：最勾引顾客的招牌	978-7-5060-6592-4	36元
服务的细节013：会切西红柿，就能做餐饮	978-7-5060-6812-3	28元
服务的细节014：制造型零售业——7-ELEVEn的服务升级	978-7-5060-6995-3	38元
服务的细节015：店铺防盗	978-7-5060-7148-2	28元
服务的细节016：中小企业自媒体集客术	978-7-5060-7207-6	36元
服务的细节017：敢挑选顾客的店铺才能赚钱	978-7-5060-7213-7	32元
服务的细节018：餐饮店投诉应对术	978-7-5060-7530-5	28元
服务的细节019：大数据时代的社区小店	978-7-5060-7734-7	28元
服务的细节020：线下体验店	978-7-5060-7751-4	32元
服务的细节021：医患纠纷解决术	978-7-5060-7757-6	38元
服务的细节022：迪士尼店长心法	978-7-5060-7818-4	28元
服务的细节023：女装经营圣经	978-7-5060-7996-9	36元
服务的细节024：医师接诊艺术	978-7-5060-8156-6	36元
服务的细节025：超人气餐饮店促销大全	978-7-5060-8221-1	46.8元

书　　名	ISBN	定价
服务的细节026：服务的初心	978-7-5060-8219-8	39.8元
服务的细节027：最强导购成交术	978-7-5060-8220-4	36元
服务的细节028：帝国酒店　恰到好处的服务	978-7-5060-8228-0	33元
服务的细节029：餐饮店长如何带队伍	978-7-5060-8239-6	36元
服务的细节030：漫画餐饮店经营	978-7-5060-8401-7	36元
服务的细节031：店铺服务体验师报告	978-7-5060-8393-5	38元
服务的细节032：餐饮店超低风险运营策略	978-7-5060-8372-0	42元
服务的细节033：零售现场力	978-7-5060-8502-1	38元
服务的细节034：别人家的店为什么卖得好	978-7-5060-8669-1	38元
服务的细节035：顶级销售员做单训练	978-7-5060-8889-3	38元
服务的细节036：店长手绘　POP引流术	978-7-5060-8888-6	39.8元
服务的细节037：不懂大数据，怎么做餐饮？	978-7-5060-9026-1	38元
服务的细节038：零售店长就该这么干	978-7-5060-9049-0	38元
服务的细节039：生鲜超市工作手册蔬果篇	978-7-5060-9050-6	38元
服务的细节040：生鲜超市工作手册肉禽篇	978-7-5060-9051-3	38元
服务的细节041：生鲜超市工作手册水产篇	978-7-5060-9054-4	38元
服务的细节042：生鲜超市工作手册日配篇	978-7-5060-9052-0	38元
服务的细节043：生鲜超市工作手册之副食调料篇	978-7-5060-9056-8	48元
服务的细节044：生鲜超市工作手册之POP篇	978-7-5060-9055-1	38元
服务的细节045：日本新干线7分钟清扫奇迹	978-7-5060-9149-7	39.8元
服务的细节046：像顾客一样思考	978-7-5060-9223-4	38元
服务的细节047：好服务是设计出来的	978-7-5060-9222-7	38元
服务的细节048：让头回客成为回头客	978-7-5060-9221-0	38元
服务的细节049：餐饮连锁这样做	978-7-5060-9224-1	39元
服务的细节050：养老院长的12堂管理辅导课	978-7-5060-9241-8	39.8元
服务的细节051：大数据时代的医疗革命	978-7-5060-9242-5	38元
服务的细节052：如何战胜竞争店	978-7-5060-9243-2	38元
服务的细节053：这样打造一流卖场	978-7-5060-9336-1	38元
服务的细节054：店长促销烦恼急救箱	978-7-5060-9335-4	38元

书　名	ISBN	定　价
服务的细节055：餐饮店爆品打造与集客法则	978-7-5060-9512-9	58元
服务的细节056：赚钱美发店的经营学问	978-7-5060-9506-8	52元
服务的细节057：新零售全渠道战略	978-7-5060-9527-3	48元
服务的细节058：良医有道：成为好医生的100个指路牌	978-7-5060-9565-5	58元
服务的细节059：口腔诊所经营88法则	978-7-5060-9837-3	45元
服务的细节060：来自2万名店长的餐饮投诉应对术	978-7-5060-9455-9	48元
服务的细节061：超市经营数据分析、管理指南	978-7-5060-9990-5	60元
服务的细节062：超市管理者现场工作指南	978-7-5207-0002-3	60元
服务的细节063：超市投诉现场应对指南	978-7-5060-9991-2	60元
服务的细节064：超市现场陈列与展示指南	978-7-5207-0474-8	60元
服务的细节065：向日本超市店长学习合法经营之道	978-7-5207-0596-7	78元
服务的细节066：让食品网店销售额增加10倍的技巧	978-7-5207-0283-6	68元
服务的细节067：让顾客不请自来！卖场打造84法则	978-7-5207-0279-9	68元
服务的细节068：有趣就畅销！商品陈列99法则	978-7-5207-0293-5	68元
服务的细节069：成为区域旺店第一步——竞争店调查	978-7-5207-0278-2	68元
服务的细节070：餐饮店如何打造获利菜单	978-7-5207-0284-3	68元
服务的细节071：日本家具家居零售巨头NITORI的成功五原则	978-7-5207-0294-2	58元
服务的细节072：咖啡店卖的并不是咖啡	978-7-5207-0475-5	68元
服务的细节073：革新餐饮业态：胡椒厨房创始人的突破之道	978-7-5060-8898-5	58元
服务的细节074：餐饮店简单改换门面，就能增加新顾客	978-7-5207-0492-2	68元
服务的细节075：让POP会讲故事，商品就能卖得好	978-7-5060-8980-7	68元

书 名	ISBN	定 价
服务的细节076：经营自有品牌	978-7-5207-0591-2	78元
服务的细节077：卖场数据化经营	978-7-5207-0593-6	58元
服务的细节078：超市店长工作术	978-7-5207-0592-9	58元
服务的细节079：习惯购买的力量	978-7-5207-0684-1	68元
服务的细节080：7-ELEVEn的订货力	978-7-5207-0683-4	58元
服务的细节081：与零售巨头亚马逊共生	978-7-5207-0682-7	58元
服务的细节082：下一代零售连锁的7个经营思路	978-7-5207-0681-0	68元
服务的细节083：唤起感动	978-7-5207-0680-3	58元
服务的细节084：7-ELEVEn物流秘籍	978-7-5207-0894-4	68元
服务的细节085：价格坚挺，精品超市的经营秘诀	978-7-5207-0895-1	58元
服务的细节086：超市转型：做顾客的饮食生活规划师	978-7-5207-0896-8	68元
服务的细节087：连锁店商品开发	978-7-5207-1062-6	68元
服务的细节088：顾客爱吃才畅销	978-7-5207-1057-2	58元
服务的细节089：便利店差异化经营——罗森	978-7-5207-1163-0	68元
服务的细节090：餐饮营销1：创造回头客的35个开关	978-7-5207-1259-0	68元
服务的细节091：餐饮营销2：让顾客口口相传的35个开关	978-7-5207-1260-6	68元
服务的细节092：餐饮营销3：让顾客感动的小餐饮店"纪念日营销"	978-7-5207-1261-3	68元
服务的细节093：餐饮营销4：打造顾客支持型餐饮店7步骤	978-7-5207-1262-0	68元
服务的细节094：餐饮营销5：让餐饮店坐满女顾客的色彩营销	978-7-5207-1263-7	68元
服务的细节095：餐饮创业实战1：来，开家小小餐饮店	978-7-5207-0127-3	68元
服务的细节096：餐饮创业实战2：小投资、低风险开店开业教科书	978-7-5207-0164-8	88元

书 名	ISBN	定 价
服务的细节097：餐饮创业实战3：人气旺店是这样做成的！	978-7-5207-0126-6	68元
服务的细节098：餐饮创业实战4：三个菜品就能打造一家旺店	978-7-5207-0165-5	68元
服务的细节099：餐饮创业实战5：做好"外卖"更赚钱	978-7-5207-0166-2	68元
服务的细节100：餐饮创业实战6：喜气的店客常来，快乐的人福必至	978-7-5207-0167-9	68元
服务的细节101：丽思卡尔顿酒店的不传之秘：超越服务的瞬间	978-7-5207-1543-0	58元
服务的细节102：丽思卡尔顿酒店的不传之秘：纽带诞生的瞬间	978-7-5207-1545-4	58元
服务的细节103：丽思卡尔顿酒店的不传之秘：抓住人心的服务实践手册	978-7-5207-1546-1	58元
服务的细节104：廉价王：我的"唐吉诃德"人生	978-7-5207-1704-5	68元
服务的细节105：7-ELEVEn一号店：生意兴隆的秘密	978-7-5207-1705-2	58元
服务的细节106：餐饮连锁如何快速扩张	978-7-5207-1870-7	58元
服务的细节107：不倒闭的餐饮店	978-7-5207-1868-4	58元
服务的细节108：不可战胜的夫妻店	978-7-5207-1869-1	68元
服务的细节109：餐饮旺店就是这样"设计"出来的	978-7-5207-2126-4	68元
服务的细节110：优秀餐饮店长的11堂必修课	978-7-5207-2369-5	58元
服务的细节111：超市新常识1：有效的营销创新	978-7-5207-1841-7	58元
服务的细节112：超市的蓝海战略：创造良性赢利模式	978-7-5207-1842-4	58元
服务的细节113：超市未来生存之道：为顾客提供新价值	978-7-5207-1843-1	58元
服务的细节114：超市新常识2：激发顾客共鸣	978-7-5207-1844-8	58元
服务的细节115：如何规划超市未来	978-7-5207-1840-0	68元

书　　名	ISBN	定　价
服务的细节116：会聊天就是生产力：丽思卡尔顿的"说话课"	978-7-5207-2690-0	58元
服务的细节117：有信赖才有价值：丽思卡尔顿的"信赖课"	978-7-5207-2691-7	58元
服务的细节118：一切只与烤肉有关	978-7-5207-2838-6	48元
服务的细节119：店铺因顾客而存在	978-7-5207-2839-3	58元
服务的细节120：餐饮开店做好4件事就够	978-7-5207-2840-9	58元
服务的细节121：永旺的人事原则	978-7-5207-3013-6	59.80元
服务的细节122：自动创造价值的流程	978-7-5207-3022-8	59.80元
服务的细节123：物流改善推进法	978-7-5207-2805-8	68元
服务的细节124：顾客主义：唐吉诃德的零售设计	978-7-5207-3400-4	59.80元
服务的细节125：零售工程改造老化店铺	978-7-5207-3401-1	59.90元